戦場の宗教、軍人の信仰

石川 明人

八千代出版

戦場の宗教、軍人の信仰

石川　明人　著

八千代出版

はじめに

宮沢賢治の短編に「烏の北斗七星」という作品がある。

これは烏を軍人、あるいは軍艦に見立てて書かれた物語である。前半では烏の群れの軍事演習の様子などが、そして後半では、敵である山烏との戦いが描かれている。

とても短いストーリーだが、そのなかで、主人公の「烏の大尉」がマヂエル様と呼ぶ北斗七星に対して、二度も祈りを捧げるシーンがある。

まず一回目の祈りは、山烏との戦いの前夜になされる。「烏の大尉」は次のように祈る。

あゝ、あしたの戦でわたくしが勝つことがいゝのか、山烏がかつのがいゝのかそれはわたくしにはわかりません、たゞあなたのお考えのとほりです、わたくしはわたくしにきまつたように力いっぱいたゝかいます、みんなみんなあなたのお考へのとほりです……

この祈りの直後に、山烏との戦闘が始まる。

両者は激しく戦い、主人公たちの烏の群れは勝利をおさめることができた。烏の大尉は戦いから戻り、仲間の無事を確かめた後、今回の勝利の手柄によって少佐に昇進することも約束された。だが彼は、再びマヂエル様に向かって祈るのである。

あゝ、マヂエル様、どうか憎むことのできない敵を殺さないでいゝやうに早くこの世界がなりますやうに、そのためならば、わたくしのからだなどは、何べん引き裂かれてもかまひません。

戦争を描いた文芸作品は世に数多くあるが、童話形式で主人公の軍人に二度もお祈りをさせているものは、おそらく珍しいのではないだろうか。ここで平和を祈っているのは、息子を戦場に送った母親ではない。夫を失った妻でもない。軍人自身である。しかも、敵を殺害し、戦いに勝利をおさめた軍人なのである。

賢治のこうした戦争の描き方については、すでにさまざまな解釈や批評があるようだ。この作品を理解するには、賢治自身の思想や、体験や、書かれた当時の時代背景を考えることなども大切だろう。だがいずれにしても、この物語は戦争や宗教に関して、素朴な問いを投げかけるものでもあるように思われる。人はなぜ戦ってしまうのだろうか。祈りとはいったい何なのだろうか。そして、私たちが求める平和とは何なのだろうか。

いわゆる平和主義者たちのなかには、ひょっとしたら、軍人が平和を祈る、という姿に違和感を持つ方々もいるかもしれない。平和を祈るくらいならそもそも戦わなければいいのに、という意見もあり得るだろう。しかし、「鳥の大尉」のこうした佇まいは、戦争について考えるうえでも、宗教について考えるうえでも、実際にはなかなかリアルなものなのではないだろうか。人や社会は、しばしば平和を祈りながら戦い、戦いながら平和を祈るものである。軍人だからといって、みなが戦争を好み、戦いを肯定し、敵の殺害に積極的であるわけではない。軍人もまた平和を祈るというのは、このようなフィクションの世界だけでの話ではなく、現実の世界でも十分普通にあり得るものである。

一言に軍人といっても、職業軍人もいれば、徴兵された者もいる。何らかの使命感を持って軍に入隊した者もいれば、強制されたり、あるいは他に仕事がなくて仕方なく軍に入ったという者もいるだろう。いずれにしても、彼らもまた、普通の会社員や店員や教師や主婦などと同じように、それぞれの人生を背負った、普通の人間に他ならないのである。

前線にいる兵士たちも、敵意や殺意だけで戦っているわけではない。正義感、使命感、愛国心もあるだろうし、あるいは、何かを守りたい、取り戻したい、というある種の善意や、仲間意識や、何らかの真心が、彼らの士気を支えてもいるだろう。「悪意」や「憎しみ」などのネガティブな感情だけで、何十万何百万もの軍人を戦いに向けてまとめ上げていくことは、むしろ不可能である。

平和を祈る人は多いが、軍人もまた平和を祈る。軍人も所詮は人間なのだから、それはまったく当たり前であり、普通のことなのである。だが戦闘の主体である軍人が神に平和を祈っている姿には、「戦争」および「宗教」という営みの矛盾や逆説が表れているように見えるのも確かであろう。

「戦争と宗教」と二つの言葉を並べると、多くの方はまず、キリスト教の十字軍やイスラム教のテロなど、いわゆる「宗教戦争」を連想されるかもしれない。確かに宗教というものは、愛と平和を唱えるからといって、単純に戦争を抑止する方向にだけ働くものではない。だが本書は、単にそうした「戦争を正当化する間違った宗教」を批判したり、また「戦争に反対する正しい宗教」を評価しようとするものではない。そうではなく、ここではただ、信仰を持ち、心から平和を願いながらも、しかし何らかの形で戦争や軍事に関わっている人々の姿に、目を向けたいのである。この「鳥の大尉」のような人たちである。「平和を祈りながら戦争をする」という私たち人間の現実を見つめ、それらを通して、戦争や、平和や、人間そのものについて、考え直すきっかけにしたいのである。

社会的事象の多くは、単純に善か悪かで割り切れるものばかりではない。私生活のこまごまとした事柄においてもそうであろう。戦争や軍事という大変複雑な要素からなる問題においてはなおさらである。信仰を持ち神に平和を祈りながら軍事や戦争に関わる人々の佇まいや思索は、決して単純に「矛盾」という言葉だけで切り捨てられてはならない。むしろ、その「矛盾」であるかのように見える部分こそ、良くも悪くも私たち人間の人間らしいところなのだから、本当に平和について考えるのならば、そうしたところもじっくりと見つめていかねばならないはずである。

本書前半では、軍隊のなかの宗教活動や、軍人に対する宣教等について概観する。そして中ごろでは、一例として一人の宗教思想家の軍人観を取り上げ、後半では、太平洋戦争の悲惨な戦いを経験した日本のキリスト教徒が書き残した文章について考察することにしたい。

まず第1章では、アメリカ軍の従軍チャプレン制度について考察する。従軍チャプレンとは、いわゆる「従軍牧師」「従軍司祭」のことである。軍隊専属の聖職者で、アメリカ軍では大尉や少佐など、士官の階級が与えられている。迷彩服を着た聖職者が、肩に銃をかけた兵士らと礼拝をしている様子は、多くの日本人の目には奇異に映るかもしれないが、その歴史は大変長いものである。その制度はどのように形成され、彼らは何を思いながら任務についているのかなどについて紹介・分析する。この章では、歴史的事実としての「軍人」と「宗教」の関係がテーマとなる。

第2章で扱うのは、日本軍および自衛隊のなかのキリスト教徒に関する事柄である。日本でも陸海軍設立当初から、いわゆる軍人伝道が行われていた。戦後、自衛隊が誕生してからすぐ、それまでの軍人伝道を継承する意図も込めて、「コルネリオ会」という防衛関係キリスト教徒の会が作られた。彼らはどのような活動をし、またキリスト教徒であると同時に自衛官である自らの立場をどのように認識しているのかについて考察する。この章では、現代日本で信仰を持ちながら軍事に携わる者たちの葛藤がテーマとなる。

第3章では、日本を代表するキリスト教的平和主義者の一人として内村鑑三を選び、彼の軍人観について見ていく。内村は日清戦争は「義戦」としてそれを肯定したものの、それ以降は戦争廃絶を強く唱え、最後まで「非戦論」を主張し続けた。だが同時に内村は、「軍人」それ自体については肯定的な発言も多く残しており、彼らとも親しく交流していたのである。内村の非戦論についてはすでに多くの先行研究があるが、彼の「軍人観」についてはこれまで十分に注目されてこなかった。この章では、「軍人」が「信仰」を持つことの意味がテーマとなる。

第4章では、クリスチャンの特攻隊員の手記を扱う。京都帝国大学の学生だった林市造は、いわゆる学徒出陣により海軍に入隊し、戦闘機搭乗員としての即成訓練を受ける。だがやがて彼は神風特攻隊の一員とされ、終戦の四ヶ月前にアメリカの機動部隊に突入し、戦死した。二三歳だった。母への愛情にあふれている彼の日記や手紙を通して、クリスチャンだった彼が特攻隊員となってから出撃までの間に何を思い、極限状況のなかで死と信仰をどう考えたのかについて見ていきたい。この章では、信仰を胸に秘め、特攻を命じられた若き軍人の実存的苦悩がテーマとなる。

第5章では、戦艦大和による特攻作戦に参加し、奇跡的に生還した吉田満の思索を扱う。大和の最後の出撃から生還した吉田は、戦後すぐに、小説『戦艦大和ノ最期』を書いたことでよく知られている。彼は戦後生活のほとんどをキリスト教徒として生き、信仰を胸に自らの壮絶な戦争の体験を反芻し続けた。吉田は自らの特攻体験と戦後の平和をどう考えたのか。その信仰に基づいた思索は、いまなお私たちに多くを示唆するものである。この章では、戦後キリスト教徒となった元軍人による「平和」についての思索がテーマとなる。

各章は、いずれもキリスト教を中心に、軍の制度、宗教思想、個人の内面など、それぞれ異なる角度からの議論となっている。軍務と信仰との関係、あるいは正戦論については、これまで、アンブロシウス、アウグスティヌス、トマス・アクィナス、マルチン・ルターなどをはじめ、さまざまな神学者たちによって取り組まれてきた。二〇世紀に入ってからは、いわゆる良心的兵役拒否との関連からも多く議論されてきた。関連する思想や事例については、キリスト教史そのものの長さとほぼ同じ、約二〇〇〇年の蓄積がある。この問題はキリスト教研究の世界においては、極めて古典的なテーマなのである。

したがって、一冊の本で「戦場の宗教」「軍人の信仰」を主題とするのならば、あの問題も取り上げるべきだ、この話題にも触れるべきだ、とさまざまなご意見もあることだろう。だが本書は、戦争と宗教、軍務と信仰、という長い議論の歴史がある問題に対し、直接何らかの答えを出そうとするものではなく、また思想史的な概観をしようとするものでもない。ここでは戦争と宗教の問題に関して具体的に掘り下げた議論をするための前段階として、まずはただ、さまざまな場面におけるむきだしの人間の姿そのものを、静かに見つめ直したいのである。

戦争と宗教は、ともに人間や社会に大変広く深い影響を与えるものである。またそれらは、良くも悪くも実にミステリアスな営みであり、双方において、さまざまな情念や主張がうずまいているものでもある。この両者が交錯する場所で見られる人間の矛盾や、悲しみや、葛藤を通して、「戦争」「宗教」「人間」、そして「平和」について考え直す小さなきっかけを提供することが、本書の目的である。

目　次

はじめに　i

第1章　文化としての宗教と軍事
——軍隊のなかの聖職者たち（アメリカ軍の従軍チャプレン）——……1

1　アメリカ軍のなかの聖職者たち　2
2　チャプレンたちが考えていること　5
3　チャプレン制度の誕生と発展　13
4　二〇世紀のチャプレン　21
5　チャプレンの位置づけ　28
6　従軍チャプレンは「矛盾」か「必要」か　36

第2章　国防と信仰の間
――日本軍と自衛隊のなかのキリスト教（陸海軍人伝道と自衛官キリスト教徒）――……45

1　日本の軍事とキリスト教　46
2　エステラ・フィンチ、黒田惟信と「陸海軍人伝道議会」　48
3　その他の軍人伝道　52
4　コルネリオ会の誕生と発展　59
5　コルネリオ会の『ニュースレター』を読む　62
A　軍人の戦場体験・牧師になった自衛官　63
B　平和および憲法九条について　65
C　他国の軍人キリスト教徒の会との交流　68
6　自衛官キリスト教徒の立場　71
7　牧師たちとの葛藤　75
8　自衛官とキリスト教　84

第3章　軍人にとっての戦争と信仰
——非戦論と軍人へのシンパシー（内村鑑三の軍人観）——……93
1　内村鑑三の戦争観　94
2　軍人と内村との交流　103
3　「最も善き戦士」としての非戦論者　109
4　軍人の信仰　116
5　戦争と軍人　119

第4章　特攻の死と信仰
——クリスチャンの特攻隊員（林市造の手記を読む）——……127
1　林　市　造　128
2　神風特攻隊第2七生隊と市造　129
3　市造の日記と手紙のテキストに関する問題　133
4　市造の日記と手紙におけるキリスト教　142

5 家族と友人のなかの市造とキリスト教 155
6 母への愛情と信仰 161

第5章 戦争体験を咀嚼する信仰
――戦艦大和からキリスト教へ（吉田満における信仰と平和）―― …… 169

1 吉田 満 170
2 キリスト教との出会い 171
3 死と信仰 180
4 平和とその宗教的次元 194
5 信仰と日常 208

むすび …… 217

あとがき …… 223

索 引

第1章　文化としての宗教と軍事

――軍隊のなかの聖職者たち（アメリカ軍の従軍チャプレン）――

スペルマン枢機卿はテニアン基地にきたことがある。確か終戦まぢかの大きなミサのときだった。彼は、諸君戦い続けよ、と呼びかけた。そして、われわれは自由のために、正義のために、そして日本人が真珠湾を攻撃した際の恐怖を打ち負かすために戦っているんだ、と言った。

元従軍チャプレン、G・ザベルカ[1]

1　アメリカ軍のなかの聖職者たち

従軍チャプレン（military chaplain）とは、一言でいえば、軍隊専属の聖職者である。従軍牧師・従軍司祭とも訳されるが、国によっては必ずしもキリスト教の牧師（プロテスタント）や司祭（カトリック）だけではないので、ここでは「従軍チャプレン」という言葉を用いることにする。

有名な戦争映画、例えば『史上最大の作戦』『地獄の黙示録』『プライベート・ライアン』などにも従軍チャプレンが脇役として登場している。戦後日本にやってきた進駐軍のなかにも彼らが含まれていた。だがこれまで日本では、彼らがどういう存在であるのかについて、あまり十分に紹介されることはなかった。宗教学者も、戦争研究者も、平和主義者も、そしてキリスト教徒たち自身も、なぜか彼らについては無関心だったようである。

どうして「愛」と「平和」を唱える聖職者が、戦争を行う軍隊にその一員として組み込まれているのだろうか。現代日本人の一般的な感覚からすれば、これはとても不思議な存在に見えるかもしれない。だが、世界の多くの軍隊には、現にこうした要員や制度がある。軍事行動に聖職者が同行しているという記述は、例えば旧約聖書の「申命記」二〇章二節以下や、「ヨシュア記」六章二節以下などにも見ることができる。[2] 本章では、現代の世界で最も強い影響力を持ち、日本とも関係の深いアメリカ軍を例に見ていくことにしたい。

第二次世界大戦時、アメリカ軍は合計約一万二〇〇〇名ものチャプレンを従軍させた。基地や艦船のなかで任務についた者も多かったが、彼らのなかには空挺部隊とともにパラシュートで敵地に降下したり、ノルマンディ上陸作戦に加わって、阿鼻叫喚の戦場で倒れた兵士のために最期の祈りをしてやる者もいた。また、後でも述べるが、原子爆弾を広島や長崎に投下する際にも、従軍チャプレンは出撃前のＢ29搭乗員らを前にして、任務の無事成功のための祈りを神に捧げてから、彼らを送り出したのである。

国内外の基地や士官学校にはもちろん、戦闘機が発着する巨大な空母のなかにも小さな礼拝堂が作られており、異なる教派の将兵が交代でそこを利用している。湾岸戦争ではアジア南西部に派遣された陸軍所属のチャプレンだけでも五六〇名にのぼった。今現在も、世界中多くのアメリカ兵のいるところにはほぼ必ずチャプレンがいる。彼らは大尉や少佐など軍の階級を持つ士官であり、他の将兵とまったく同じ軍服を着用している。すなわち、陸軍の大尉であると同時にプロテスタントの牧師であったり、カトリックの司祭であると同時に海軍の少佐であったりするわけである。建国から現在にいたるまで、アメリカ軍において従軍チャプレンは極めてメジャーな存在であり続けている。

従軍チャプレンという存在は、「陸軍規則一六五－一」[3]によれば、合衆国憲法修正一条のいわゆる宗教的実践の自由を、軍隊内においても保障するためにおかれていることになっている。実際には一七世紀初頭にジェイムズタウンが建設されたばかりのころから、聖職者は民兵たちによる戦闘や訓練につき添っていた。ピューリタンによる先住民の迫害や殺戮は宗教的側面から正当化されたが、アメリカにおける軍事と宗教の密接な関係は、単に戦闘員の内面的な思想や理念としてだけでなく、当初から従軍チャプレンという極めて具体的な形を取って表れていたのである。

常備軍の一部として正式にチャプレン制度がおかれたのは一七七五年七月二九日の大陸会議の決定においてであり、よってこの日が「アメリカ軍チャプレン制度の誕生日」とされている。[4] チャプレンは、現在では「非戦闘員」であると規定され、武器の携帯や使用は一切禁止されている。しかしかつてはヨーロッパでも一六世紀ごろまでは、チャプレンも武器を持って兵士とともに戦うことが珍しくはなかった。その伝統はアメリカでも引き継がれ、植民地時代のアメリカの民兵たちを支えたチャプレンにとって、宗教的責務と戦闘とが明確に区別されることは少なかった。

一六〇七年のジェイムズタウンの建設以降、まずは先住民との戦いやフランスの政治的経済的支配に対する戦いなどがあったが、チャプレンも黒いスーツを着たまま植民地民兵らとともに戦い、その勇猛さにおいて伝説的存在になっている者もいる。現在では従軍チャプレンは、国際的な取り決めとしても非戦闘員と規定されており、少なくとも形式上は、捕虜になった場合も戦闘員たちとは異なる扱いを受けることになっている。[5]

ところで、一言に軍隊で働くといってもその職種は実に多様である。直接戦闘に携わることを専門とする人々もいれば、通信、輸送、整備、情報分析など、戦闘を支援する職種もあり、かなり細分化されている。そうしたなかでチャプレン科は、衛生科や法務科などと同じ「特殊兵科」（special branches）のなかに位置づけられている。

従軍チャプレンが「特殊兵科」の一つであるといっても、彼らが軍の中核からやや離れた隅におかれているというわけではない。むしろ逆である。兵科としての「チャプレン科」は陸軍の歴史において、「歩兵科」の次に作られた二番目に古い兵科なのである。彼らが独立宣言の約一年前から公式に軍の一部として存在していたのは、アメリカという国家の指導者と民衆がともに、軍事組織における宗教的任務を担う要員の重要性と必要性を認識していたからに他ならないであろう。

2　チャプレンたちが考えていること

ではまず、陸軍ウェブサイトのなかにある、実際のチャプレンたちの自己紹介欄や個人的な体験などについて書かれている記事を見てみたい[6]。そこでは何名ものチャプレンについて、本人の顔写真つきで、プロフィールや自らの任務に対する考えなどが書かれており、また自らの仕事について述べている一分程度の動画も掲載されている。

ただしこれらの紹介記事は、部分的に彼ら自身の言葉が直接引用されてはいるものの、基本的には三人称の文体で書かれており、また動画の方も映画やテレビ番組のようにかなり丁寧に編集されている。恐らくこれらは、チャプレンたち自身が直接執筆や撮影をした投稿記事というよりは、軍の専門スタッフ、あるいは専門業者がインタヴューなどを通して編集・製作したものであろうと思われる。だがそもそもこのウェブサイト自体は、軍が従軍チャプレンという職種の仕事内容、意義、やりがいなどを紹介し、より良い人材を確保することを目的として作られているのである。一連の情報がチャプレンによる純粋な投稿記事ではなく、第三者の編集を経て掲載されている文章や映像だからこそ、かえってこれらは軍によって考えられているチャプレンの模範ないし理想像を述べているものとして扱うことができるのではないかと思われる。

チャプレンたちのプロフィールや言葉を見ていくと、一連の記事から読み取れる要点は大きく三つあると考えられる。

まず一つ目は、「愛国心」と「信仰心」の二つが、いずれのチャプレンにおいても、自分たちの使命感を支える重要な柱になっているとされている点である。愛国心という要素はアメリカ国内で生まれ育ったチャプレンにおいてはもちろんだが、そうでない場合にも大変強く意識されている。例えばアン・タン中尉（メソディスト）は香港出身の女性チャプレンで、ほんの数年前にアメリカ国籍を取得したばかりだという。彼女にとって従軍チャプレンとして働くことは、アメリカという新しい祖国に対して自分にできる貢献の一つなのだという。タンは次のように述べている。「従軍チャプレンであることは神の思し召しです。これになるという決断は簡単なものではないかもしれません。しかし私は、もし祖国というものを持たないならば、つまりは帰る家を持たないことなのだ、と考えました」。

ジェローム・リステッキィ中佐（ローマ・カトリック）が陸軍第三三〇医療旅団のチャプレンとして働く理由も、愛国心ぬきには語れない。彼は従軍チャプレンであると同時にシカゴの補佐司教でもある。

彼は、「チャプレンでいるということは、私の愛国心と祖国への恩返しのひとつのあらわれです」と言う。リステッキィは七〇年代後半にローマで勉強をしていたのだが、そのときに陸軍にはカトリックのチャプレンが不足しているという話を聞いてチャプレンになる決意をし、それ以来二〇年以上にわたって兵士たちに神の言葉を伝えているという。

聖職者である以上、確固とした信仰が従軍チャプレンであるための最も重要な条件であることはいうまでもないが、強い愛国心も不可欠な要素となる。これは軍の士官である以上は当然といえば当然のことであるが、それはチャプレンというやや特殊な立場の軍人においてもまったく同様なのである。

従軍チャプレンに共通する認識の二つ目は、チャプレン訓練学校で経験する他教派の聖職者たちとの出会いの素晴らしさである。アイザック・オパラ中尉（ローマ・カトリック）は、かつてフォートジャクソンにある陸軍チャプレン学校で「チャプレン士官基礎コース」を受け始めたとき、チャプレンの役割を、超教派的なものとして教えられたことに驚くと同時に、それに大いに感心したという。彼はそれを次のように述べている。「あなたたちがここ〔引用者注・陸軍チャプレン学校〕に来てチャプレン士官基礎コースを受け、いろいろな教派のチャプレンが仲良くやって互いを尊重しているのを見ると、天国とはこんな感じかと思うことでしょう」。

異なる教派が互いを尊重し、対話に基づく一致や協力を図ることを「エキュメニズム」という。そうした運動や姿勢は二〇世紀半ば以降の宗教的状況を代表するものの一つであるが、軍隊では現実的な要請から、一般社会よりもずっと早くからエキュメニカルな宗教的実践がなされていた。アメリカ軍チャプレン制度は、現代における宗教間対話に関する問題などとの関連でも注目に値する事例だといえそうである。

チャプレンの自己認識に関する三つ目の共通点は、従軍チャプレンという特殊な仕事が他の一般の聖職者の仕事とは異なることに由来する充実感である。彼らによれば、従軍チャプレンという身分は、一般の教会の聖職者とくらべて、より多様な人々と出会うことができるという。一般の教会には総じて同じような価値観の信者が集まりやすいものだが、軍隊ではさまざまな出身、人種、価値観、信仰心の人間が集まり、多様性を極めている。先に二つ目のポイントとして従軍チャプレン同士の超教派的な交流を挙げたが、彼らが相手にする兵士やその家族たちの多様性という点は、聖職者としての仕事の難しさであると同時に大きなやりがいであり喜びに通じるものだというのである。

自分の担当する部隊や基地の将兵たちを「家族のようなもの」と表現するチャプレンも多い。チャプレンのチャールズ・ウッド大尉（バプテスト）の妻デボラは夫とともにフォートベニングで働き、軍のプロテスタント婦人会の副会長をしながらさまざまな集会や聖書研究会のコーディネートもしている。彼女は、「軍の一員であるということは家族であるようなものです。私は外の社会にいたときには経験したことのないコミュニティの感覚というものを持っています」と述べている。アフガニスタンの野戦病院でチャプレンとして任務についていたリー・ヨーカム少佐（ローマ・カトリック）も、戦闘地域で活動することの困難と厳しさについて述べつつも、だからこそ将兵たちと「家族のように」仲良くなれるのだという。

マーク・ゴーティアは、歩兵科の士官として陸軍に勤務していたが、「ラディカルな宗教体験」を経てチャプレンになる道を選んだ。アフリカ、タイ、イラク、パナマなど、これまでの一四年間の従軍チャプレン生活では世界のさまざまな場所で任務についた。セレスティン・ロブ大尉もドイツ、ハワイ、イタリア、韓国などさまざまな場所でチャプレンとして働く経験ができたことを喜んでいる。陸軍はこのウェブサイトを通して、チャプレンになればアメリカ国内だけでなく、海外に赴任するチャンスも多いということをアピールしているようにも見える。

チャールズ・ヨスト少佐は第三二三情報大隊に従軍チャプレンとして所属し、「イラクの自由作戦」（イラク戦争）に参加した。彼はそこで基地のテントからテントへと渡り歩いて兵士らの声に耳を傾け、食事も毎回違う人々とともに食べるようにしたという。毎日開かれる聖書勉強会には常に三〇人近くの将兵らが参加したと述べている。

チャプレンアシスタント（この肩書きについては後述する）としてヨスト少佐とチームを組んだのがスティーヴィー・ミック軍曹である。彼はもともとチャプレンで、後にチャプレンアシスタントになったという珍しい経歴の持ち主だが、チャプレンアシスタントは士官ではなく下士官であるため、チャプレンよりも兵士らと親密になりやすいポジションであり大きなやりがいを感じているという。彼らはイラクでは味方の将兵たちだけでなくイラクの一般市民とも多く関わり、地元の子供たちのために学校用品を輸送する任務にもついた。子供たちが話しかけてくるアラビア語はわからなかったが、彼らの笑顔には自分たちを怖がったりせずむしろ幸せと感謝の気持ちがあったとも述べている。

ミック軍曹によれば、チャプレンという仕事で重要なのは、将兵たちのいる「その場にいること」であるという。兵士たちはチャプレンの襟元にある十字架の徽章を見ることにより、それだけである種の安心感を得るのであり、ミック軍曹は、チャプレン・ヨストはそのことをきちんと理解しているとして彼を高く評価している。

チャプレン・スティーブン・バログ大尉は、「砂漠の嵐作戦」(湾岸戦争)の際に歩兵部隊、戦車部隊、ヘリコプター部隊などと行動をともにした。ある夜、彼は仲間たちとユーフラテス川方面に向かったのだが、途中で通過する場所はそれまでの八時間あまりの間に五回の戦闘が行われた危険な区域であった。バログはそのとき運転手兼無線オペレータをつとめ、チームを組んでいたチャプレンアシスタントのサンティアゴ・イリアート軍曹も後ろの席に乗り、M16ライフルをかまえて周囲に目を光らせ、緊張した時間を過ごした。その時の経験を通して、バログは神にすべてをゆだねるということの意味と、チャプレンの活動の真の意義を経験することができたと述べている。

バログもまたミックやヨストと同様に、従軍チャプレンの仕事で重要なのは、「その場にいること」、すなわち、危険な戦闘のただなかにおいても兵士たちに勇気を与え、祈りのサポートを提供することに他ならないという。

バログらはクウェートからイラクに入る国境を越えるとき、その師団のすべての車両に聖水をかけて祝福をした。そのおかげで、タルマッジ・ベネット一等軍曹は第三歩兵師団の一員としてバグダッドに入る際、「われわれは神の恩寵によって救われた」と回想している。自分が乗っていた車両のわずか数フィート脇に迫撃砲弾が落ちて危うく難を逃れたこともあったし、顔の真横をかすめるようにＲＰＧ（対戦車擲弾）が飛んできたこともあったという。こうしたぎりぎりのところを死なずにすんだという経験は他の兵士にもある話だといい、彼は「チャプレンはわれわれを神のそばにいさせてくれるんだ」と述べている。こうしたものは宗教的態度としては極めて素朴なものにも見えるが、銃弾が飛び交い至近距離で砲弾が炸裂する実際の戦場においては、結局そうしたなかで勇気と安心感を与えられるかどうかに、そのチャプレンの力量がかかっているのであろう。

ポール・メデジ少佐は、第一〇一空挺師団に所属するローマ・カトリックのチャプレンとして「不朽の自由作戦」や「イラクの自由作戦」に参加した。イラクへの国境をまたぐ直前に行ったミサには数百人の将兵が集まったという。

メデジによれば、イラクでの任務においてまず重要だと思われたのは、イスラム教とキリスト教の関係をどう扱うかであった。そこでまず最初に他のチャプレンたちとともに行ったのは、大将から二等兵にいたるまで、すべての将兵に対してイスラム教とは何かについて説明会を開くことであった。メデジは感謝祭の数日前にハトラという町で、その町のイマームとともに、ラマダンの終わりとクリスマスが近づいたことを喜ぶための合同の祝いの会を設けた。異なる信仰にもかかわらず、それぞれの聖職者がともに聖なる季節を祝い、町や軍の指導者も交えて、アメリカ軍とイラク国民の両方のために祈ったのだという。

陸軍ウェブサイトで紹介されているチャプレンの経歴は実に多様であり、人種も白人、黒人、アジア系といろいろで、また半数近くが女性チャプレンになっている。普通の聖職者から軍の訓練課程を経て従軍チャプレンになった者もいれば、モールス信号解読オペレータからチャプレンに転身した者もいる。また歩兵として陸軍に入隊し、やがてレンジャー部隊の教官にまでなっていながら、突如「啓示」を受けてチャプレンに転身することを決意したという者もいる。先に挙げたチャプレン・ゴーティアも、二年間レンジャーの連隊で任務についたことは自分の誇りでもあると述べている。第二次世界大戦では、空挺部隊とともにパラシュートをつけて敵地に降下するチャプレンもいたことを考えれば、現在も戦闘員の経験を経てチャプレンになったという経歴の者がいてもまったくおかしくない。

一九四〇年代の戦場におけるアメリカ軍チャプレンの死亡率は、歩兵と航空機乗組員に次ぐ三番目だったともいわれている。前線に配置されるチャプレンは、ひ弱なインテリではなく肉体的にも精神的にも強くなければならないが、なかには予備役のチャプレンとして一般社会での生活と両立させている者もいる。人種も、性別も、そして教派もさまざまであるが、そうしたチャプレンたちの多様性は、アメリカ軍の構成員そのものの多様性を反映しているともいえるであろう。[7]

3　チャプレン制度の誕生と発展

「チャプレン」という呼称それ自体は、さしあたり次のような四世紀の伝説に由来するとされている。あるところに異教徒のローマ兵がいた。彼はある冬の晩に、寒さに震えている物乞いに出会い、あわれに思って自分の着ている外套を半分に裂き、それを物乞いに与えてやったところ、その晩、彼は自分が与えた外套を着たキリストの夢を見た。それがきっかけとなり、彼はキリスト教徒となる決心をし、後に軍を除隊して教会に身を捧げた。トゥールのマルティヌスというのがその人物の名であり、彼は現在でもフランスの守護聖人としてよく知られている。彼の外套（cappa）は神の現前を示す旗として、後にも戦いの場で用いられた。この聖遺物を管理する司祭はcappellanusと呼ばれ、やがて軍隊に関わる聖職者がcapellaniあるいはchapelainと呼ばれるようになり、ここにチャプレン（chaplain）の語が由来する。「チャプレン」は日本でも、学校や病院つきの聖職者を指す言葉としてそのまま使われているが、これは学校や病院以前に、何よりもまず軍隊のなかの聖職者を指す言葉だったのである。[8]

アメリカにおける従軍チャプレン制度が、それまでのヨーロッパの宗教的および軍事的伝統と切り離せないことはいうまでもないが、もちろん独自の背景もある。

アメリカにおける軍事の始まりは、建国の歴史的背景や地政学的状況から、入植者自らによる共同体防衛という民兵的な性格が強いものであった。一七世紀初頭に北アメリカ植民地建設が始まったとき、その小規模な入植地の防衛に当たったのは入植者自らであり、専門の軍隊ではなかった。基本的には定着農業によって成立していた入植地には、有事における戦闘を専門とする軍隊を維持する余裕はなかったのである。新しい土地での軍事的防衛は、いやおうなく一般市民自らの手によるものとして始まったのであった。植民地防衛あるいは自己防衛は、基本的には市民ひとりひとりの意志によって支えられていたのであり、その意識が今日の憲法修正二条、すなわち市民には武器を所持する権利があるという思想にもつながっている。

だが一般の市民が最新の武器を持てば先住民からの脅威に対抗できたとはいえ、そうした武器の操作に関する訓練や、貧困層への武器の調達など、共同体全体がまとまって協力すべき事柄も少なくなかった。植民者たちの開拓共同体にとって、自らを守るために構成員が武装することは、権利であるのみならず義務でもあり、特にニューイングランドの植民地では、宗教的義務として理解される傾向も強かった。一七世紀半ばから、ヴァージニアでは家長の武装が要求され、貧しくて武器が調達できない場合は政府が供給することが法で定められてもいた。そして武装の有無のチェックの場となったのは、当時の共同体の中心であった教会であり、日曜ごとの礼拝に銃を持参することさえ求められたという。[9]

民兵徴集のための集会、定期的な戦闘訓練、また実戦における敵に対する攻撃も、牧師の説教や祈りで始められるのが普通であった。戦闘の恐怖を克服し、「他者」の殺戮を正当化し、また戦死者の名誉を称えるのも、教会と牧師の仕事だったのである。当時の北米における共同体防衛は、経済的・物理的な諸事情から、戦争に関してはまったくの素人の一般市民からなる民兵組織によるしかなく、一般市民によって構成されるその組織と活動は、当時の一般的感覚から、必然的に教会や牧師とともになされ、結果として、形式的にも内面的にも、軍事と宗教は強い結びつきを持ったまま発展していったのである。つまりアメリカでは、最初から教会や聖職者を内側に含みながら軍事活動が営まれたといっても過言ではないのであり、現在のチャプレン制度も、基本的にはその延長線上にあるといっても良いだろう。[10]

独立戦争（一七七五年）の開戦二ヶ月後に創設された大陸軍（Continental Army）の司令官だったジョージ・ワシントンも、宗教の公的価値を非常に強く意識していた。彼は当時の大陸会議に対して従軍チャプレンの任命を強く呼びかけただけでなく、非番の兵士にも日曜礼拝への出席を義務づけるほどであった。常備軍にいち早くチャプレン制度ができたことは、ワシントンの力によるところが非常に大きいのである。[11]

すでに述べたように、ジェイムズタウンが設立された初期のころから、聖職者は民兵らによる戦闘につき添っていた。[12]ピーコット戦争（一六三七年）に従軍したサミュエル・ストーンがイギリス領アメリカにおける最初のミリタリーチャプレンとされている。[13]現在よりも宗教がアメリカ人の生活のなかで重要な役割を担っていた当時、牧師はそれぞれのコミュニティのなかで最も権威を持っていた。ごく小規模な軍事作戦においても、事前に牧師によって戦闘員に何らかの助言や祈りがなされないことはなかった。

一六九〇年ごろ（ウィリアム王の戦争）には、二五〇〇名の植民地民兵に対して五名のチャプレンが同行し、フレンチ・インディアン戦争（一七五五―一七六三年）時には一度に三一名のチャプレンが従軍したと記録されている。[14] 当時のチャプレンは、まだ軍のなかで公式な存在ではなく、事実上はボランティアであった。したがってチャプレンたちをまとめる組織もなかったが、それでも彼らは説教、祈り、民兵との交わりなどをそれぞれ分担して行い、互いに助け合って各々の任務を遂行していた。

独立戦争にも多くのチャプレンが従軍した。多くのニューイングランドの聖職者たちはコンコードで任務につき、一部の者たちはマスケット銃を手に取り、他の兵士たちと同じように戦ったと伝えられている。当時はまだ、聖職者が自ら教会の会衆や地域のなかから人を集めて軍事部隊を結成することも珍しいことではなかったのである。[15] もちろん、あくまでも聖職者としての任務に専念した者もいる。

また、当時はほぼすべてがプロテスタントのチャプレンだったが、カナダの連隊や西部からやってきたチャプレンのなかにはローマ・カトリックの者もいた。このころからすでに、プロテスタントのチャプレンがカトリックの兵士たちの世話をしたり、逆にカトリックのチャプレンがプロテスタントの兵士たちの世話をするのはまったく普通のことだったようである。

この時代にチャプレンとして従軍したエイブラハム・ボールドウィンは、戦後には憲法制定会議のジョージア代表者として憲法署名者三九名のうちの一人になり、さらにジョージア大学の理事・設立者にもなった。同じくチャプレンとして従軍したティモシー・ドワイトは、讃美歌の作者としても知られるようになったが、イェール大学の学長としても有名な存在となった。従軍チャプレンのなかには戦後もリーダーシップを発揮して、アメリカ合衆国の発展、特に政治や教育の分野で大きく貢献した者も少なくなかった。後の時代にはジョセフ・ウィルソンのように、自分の息子を合衆国大統領に育て上げたチャプレン経験者もいる。

ジェファソンの政権下でウェスト・ポイントに陸軍士官学校が建てられたのは一八〇二年である。このころから軍では将兵の「教育」の重要性が意識され始めていたが、兵士たちに読み書きをはじめ何らかの学問を教えるという仕事は、以前からチャプレンの仕事の一部であった。一八一八年には、この陸軍士官学校に配置されるチャプレンは単なる聖職者であるだけではなく、地理・歴史・倫理学の教授でもあると規定され、給与等の待遇は数学の教授と同じとするように定められた。一八三八年にはその他の基地つきチャプレンについても、教師としての責務が公式に規定されるようになった。単に兵士たちの精神的・宗教的なケアを担当するだけではなく、歴史や倫理学といった学科を教える教育上の役割は、後々までもチャプレンの仕事の重要部分となっていく。

米英戦争から一八五〇年代半ばまでの間に任命されたチャプレンは八〇名にのぼるが、この時代の教派の内訳は、監督派が四三名、長老派が一一名、バプテストが五名、メソディストが三名、ローマ・カトリックが三名、ユニヴァーサリストが一名、オランダ改革派が一名、ルター派が一名、そして不明が一二名となっており、まだすべてがキリスト教徒チャプレンで占められている[16]。

南北戦争（一八六一―一八六五年）はアメリカ史上最大の死者を出した戦争であったが、この時期のチャプレンについては詳細な記録も残っており、彼らほとんど全員の氏名なども確認することができる。

戦争が始まった一八六一年当時、チャプレンとして任命されるための条件の一つは「何らかのキリスト教諸派から聖職者としての資格を得ている者」とされていた。しかしそれは、翌六二年には、「何らかの宗教団体（religious denomination）から聖職者としての資格を得ている者」という表現に変えられた。こうした変更は、ひとえにユダヤ教徒のチャプレンを承認するために他ならなかった。南北戦争で初めてユダヤ教のチャプレンが誕生したのである。

アメリカの軍の部隊がかつては人種ごとに編成されたことはよく知られているが、南北戦争は黒人部隊が大規模に用いられた最初の戦争でもある。当時士官とチャプレンは専ら白人だったが、終戦時には一五八あった黒人連隊のうち一二の連隊は黒人チャプレンを採用していた。最初の黒人チャプレンはヘンリー・マクニール・ターナーで、サウスカロライナ出身の牧師だった。彼も終戦までチャプレンとして働き、戦後はジョージア議会のメンバー、アフリカン・メソジスト・エピスコパル教会の監督などとして活躍した。

またこの戦争でもう一つ注目すべき事柄は、初めて女性チャプレンが登場したことである。彼女の名はエラ・ギブソン・ホバートという。彼女の夫もチャプレンであったが、自らも第一ウィスコンシン連隊のチャプレンとして任務についた。ところがホバートは一八六四年、終戦の一年前に、女性であることを理由に承認を取り消されてしまう。その後、公式に女性チャプレンが現れるのは一九七四年、つまりホバートからちょうど一一〇年の月日を待つ必要があった。

この南北戦争のころから、チャプレンの仕事も多様なものになっていく。最も重要な仕事が礼拝であることはいうまでもないが、すでに述べたように、兵士たちに読み書きを教えることも多く、さらに負傷兵や瀕死の者のために彼らの家族へ手紙を代筆してやったり、現金を管理してやったりすることもあった。チャプレンたちの説教の話題は、信仰や愛国心に関することだけでなく、生活態度、例えば口論・ギャンブル・飲酒などに関する訓戒も多く、実際に部隊のなかに禁酒クラブを作ることもしばしばなされたようである。

ところで、このころのチャプレンたちのアメリカ先住民たちへの対応は、まだアンビヴァレントなものだったといわれている。一部のチャプレンたちは「インディアン」を野蛮人とみなして彼らを攻撃する一方で、他のチャプレンたちは彼らに洗礼をさずけたりするなど友好的な態度を取った。カトリックのチャプレン、エドワード・ヴァトマンは『スー族兵士の語彙集』を編纂し、合衆国の歴史と地理をスー族の言語に翻訳するなどもした。この南北戦争では、チェロキーの首長の息子であったウナグスキィが、先住民出身者として初めてのチャプレンになっている。[17]

一八九八年に米西戦争が始まったが、これはチャプレンが国外へ出たものとして最初の戦争であり、また一八八二年に合衆国がジュネーブ条約にサインをして以来、チャプレンが公式な形で「非戦闘員」

と規定されて任務についた最初の戦争でもあった。ちなみに、後にペンタゴン建設に関わり第二次世界大戦でマンハッタン計画の指揮を執ったレスリー・R・グローブス・Jr. の父親、レスリー・R・グローブスは、この戦争に参加した歩兵連隊のチャプレンであった。

この時期の最も重要な改革は、一九〇九年における「チャプレンアシスタント」制度の設立である。チャプレンアシスタントとは、文字通りチャプレンの仕事の補助を行う要員である。チャプレンはあくまで士官であるのに対して、アシスタントは下士官のなかから選ばれる。そしてチャプレンが非戦闘員である一方で、アシスタントはあくまで戦闘員であり、また聖職者ではない。一三〇年以上にわたるそれまでのチャプレン制度の歴史のなかでも、チャプレンの補助をする兵士がいないわけではなかったが、それらはすべてチャプレンとその兵士との個人的な関係によってのみ成り立っているものであった。それがこの時代になって、専門的な技能を持つ下士官として正式にチャプレンアシスタントという身分が作られたわけである。これによってチャプレンの身の安全性が向上したと同時に、その仕事の効率も良くなっていった。第二次世界大戦のころには、チャプレンアシスタントは礼拝の補助のみならず、ジープやトレーラーの運転・整備からタイプ打ち、オルガン演奏、聖歌隊の指揮などさまざまな仕事を行った。

チャプレンは実質的には軍のなかの階級を越えた特別な存在ではあるが、しかしそれでも形式上はあくまで士官であるため、下士官や兵たちは必ずしも個人的な悩みや相談事をすべてチャプレンに打ち明けられないという傾向もあるらしい。というのは、相談内容がチャプレンから上官に報告されて、勤務評価が低下したり昇進が妨げられるのではないかと危惧する者もいるからである。そこでチャプレンと他の兵士らをつなぐ橋渡しとして、下士官であるチャプレンアシスタントが機能するのである。

ちなみに現在のドイツ軍などの場合は、従軍チャプレンは便宜的に迷彩服などを着用しはするものの、軍の階級を持たない。そのため下士官や兵らは、「上官」である精神科医よりもチャプレンの方に悩みの相談をしやすい環境になっているともいわれている。[18]

第一次世界大戦では、アメリカは宣戦布告と同時に大規模に兵を動員し、それまで正規軍と州軍合わせて一四六名だったチャプレンに、新たに二二一七名ものチャプレンを加えた。この戦争を通してチャプレンたちは、塹壕、集会場、村の教会、森のなかなどさまざまな場所や環境で礼拝を執り行い、すべての兵士らのためにエキュメニカルな活動を行った。戦闘の後には、チャプレンは死体を集めてきちんと埋葬をし、それがすむと埋葬記録をつけ、戦死者の氏名、部隊名、戦死日時などを正確に記録し、地図上の位置も確認したうえで本部に報告した。それが終わると負傷兵を見舞うために病院へ行き、近親者に手紙を書いたりもした。

4　二〇世紀のチャプレン

第一次世界大戦時におけるチャプレン制度の最も際立った変化は、その組織化がさらに進んだ点である。当時は大変多くの兵力をフランスに展開していたが、しかし司令部はどこにどれだけのチャプレンがおり、彼らの教派は何かなどについて十分に把握できてはいなかった。アメリカ遠征軍の司令官パーシング大将はこうした状況を改善すべく、監督派のチャプレンであるチャールズ・ヘンリー・ブレントをアメリカ遠征軍チャプレン理事会の会長に任命した。ブレントは能力あるチャプレンを師団つきにし、経験の浅いチャプレンのための訓練機関を設立するなどした。そのようなブレントによる一連の整備をもとに、戦争が終わってすぐ、一九二〇年にチャプレン長（chief of chaplain）の制度が誕生し、ここにチャプレン制度はさらに組織化されたものとなっていった。[19] チャプレンの訓練や育成も、一九一八年から本格的に開始された。

日本軍が真珠湾を攻撃したその場所にもチャプレンはいた。日の丸をつけた戦闘機や攻撃機の襲来が始まったのを目撃したチャプレンの一人は、すぐに砲兵隊のところへ車を走らせて事態を警告し、チャプレンアシスタントたちのうち数名は、反撃のための機関銃を準備している最中に戦死した。一九四五年に日本が降伏したときには、八一四一名のチャプレンが従軍していた。その教派の内訳は、プロテスタントのチャプレンが五六二〇名、カトリックのチャプレンが二二七八名、ユダヤ教徒のチャプレンが二四三名であった。[20] この戦争でチャプレン科には四七八名もの死者が出た。これは陸軍だけでの数である。

アメリカに独立した軍としての空軍が組織されるのは戦後のことであるが、当時すでに陸軍と海軍それぞれが航空隊を持っていた。それに合わせて、一部のチャプレンも航空隊に配属されるようになっていった。彼らはテキサス州サンアントニオの航空隊学校で二週間の特別訓練を受け、また同様の訓練コースがチャプレンアシスタントとして働く下士官のためにも用意された。最終的には一〇八九名のチャプレンと九三九名の下士官がそのコースを修了して各部隊に配属された。だがなかには、さらに落下傘降下訓練学校で訓練を受けたチャプレンもいた。多くの危険が伴う落下傘部隊において、チャプレンは兵士たちと強い絆を持つことが重要であったため、チャプレンもまた彼らとともにパラシュートを着けて飛び降りることが求められたのである。

チャプレンは礼拝堂だけでなく、訓練地、射撃場にも顔を出し、ガスマスク着用訓練にも加わりながら、兵士たちの悩みに耳を傾けた。相談事の多くは、軍隊生活への適応に関する問題も多かったが、他にはホームシック、自殺願望、結婚に関するものやアルコール問題などもあったという。また、単に礼拝やカウンセリングを行うだけでなく、ちょっとしたスポーツ大会や映画上映会などを開くことで、兵士たちのストレスを和らげる機会を作ることも多かったという。

この戦争におけるチャプレン関連の話題として今でも語り継がれているのは、大勢の兵士を運んでいた輸送船ドーチェスター号の事件である。一九四三年、その船は九〇四名の兵士を載せて北大西洋を航行していたが、それをドイツ軍の潜水艦U二二三が魚雷で撃沈したのである。これによる死者六七八名のうち四名はチャプレンであった。クラーク・V・ポリング（オランダ改革派）、ジョージ・フォックス

（メソディスト）、ジョン・P・ワシントン（ローマ・カトリック）、アレキサンダー・D・グード（ユダヤ教）である。彼ら四人は、混乱する船のなかで自らのライフジャケットを他の兵士に与え、自らの命は顧みず、沈んでいく船のなかで懸命に兵士らの脱出の手助けを行った。生き残った兵士たちが救命ボートからドーチェスター号を振り返ると、沈んでいく船のデッキに立った四名のチャプレンたちが互いに腕を組み合い、ともに祈っている姿が見えたという。この彼らの勇敢な最期については本も書かれ、テレビドラマも作られ、四人の顔と沈んでいく船をデザインした記念切手も発行された。現在でもこの出来事のあった二月三日は「フォー・チャプレンズ・デー」とされ、教派や宗教を越えた宗教的自己犠牲の象徴として記憶されている。

黒人チャプレンも、この戦争では七九〇名が任命され（陸軍）、二四七名が従軍した。ユダヤ教徒チャプレンも合計で三一一名が従軍した。またこのときに、全員がギリシャ系からなる大隊のためにギリシャ正教のチャプレンが承認された。仏教徒チャプレンも一応承認はされたものの、しかし日系人からなる部隊に就任することはなく、そこには代わりに日系のキリスト教徒チャプレンがついたと記録されている。[21] 陸軍婦人部隊（Woman's Army Corps）が設立されたときには、女性のチャプレンも承認されるべきだという声もあがった。結局女性チャプレンが生まれることはなかったが、しかし多くの女性が、宗教教育の監督者や助手としてそれぞれの役割を果たした。

終戦直後には、捕虜に宗教上のサポートを行うチャプレンも多かった。また強制収容所から解放された人々の面倒を見るために、ユダヤ教徒のチャプレンが特別に集められ、家族と離ればなれになった人たちを再会させる手助けをしたり、シナゴーグを建てて孤児たちの世話をしたという。ちなみに、この第二次世界大戦の時期に、ハリウッドで『神と国とのために』（*For God and Country*）と題された陸軍の訓練映画が撮影されたのだが、そのなかでカトリックの従軍チャプレン役を演じていた役者の一人は、後に合衆国大統領になるロナルド・レーガンなのであった。

朝鮮戦争には約一五〇〇名のチャプレンが従軍し、捕虜になった者も少なくなかった。捕虜のまま死んでいった者もいたが、過酷な環境のなかでも仲間の捕虜たちの面倒を見て、死後に部隊功労賞を授与されたチャプレンもいた。戦争が終わると、チャプレンたちはアメリカ本国の教会に物資の援助を求めるなどして、朝鮮の復興にも尽力したようである。

この時期の新たな動きとしては、軍とその家族らの間で、平信徒たちによる自発的な宗教的グループが形成され始めたことなどが挙げられる。チャプレンは基地などで日曜学校も開いていたが、そこには共通のカリキュラムがなかったため、陸・海・空・海兵のアメリカ軍事組織全体において共通の宗教プログラムが提案されたのである。またチャプレンの教育プログラムについても検討が重ねられ、特にカウンセラーとしての能力を高めるために、「臨床的牧会教育」（Clinical Pastoral Education）などが重視されるようになっていった。

ベトナムへのアメリカの介入は一九五〇年代から始まっていたが、一九六一年から正規軍人による軍事顧問団が派遣された。翌一九六二年に南ベトナム軍事援助司令部（ＭＡＣＶ）が設置され、チャプレンもこのときから加わり始めた。はじめのころは、わずか八名のチャプレンがヘリコプターなどを利用して六〇〇マイルにわたる細長い国土をカバーしていたものの、一九六七年には、陸軍チャプレンだけでも三〇〇名という規模にまで増加していた。

この戦争の最中には、アメリカ国内でもさまざまな反戦運動が活発になされたが、やがて軍のなかからも「良心的兵役拒否者」が出るようになった。そこでチャプレンたちには、そうした兵士たちにカウンセリング・インタヴューをして、彼らの宗教的信念とその誠実さについて審判をするよう求められもしたのである。良心的兵役拒否という主張をどのように理解し審判するかという方針について、最初はまだ一定の基準はなかったが、やがて「軍事組織における良心的兵役拒否者のインタヴューに関するガイドライン」が作られた。この戦争でのもう一つの新たな問題はドラッグである。軍の中における薬物の広がりに歯止めをかけるために、ドラッグ使用者のための祈りの会も設けられ、チャプレンたちは各部隊で反ドラッグのための教育プログラムを受けることもあった。

エラ・ギブソン・ホバートが南北戦争で初の女性チャプレンとして従軍し、そして解雇されたのは一八六四年である。それからようやく一一〇年後の一九七四年に、アリス・Ｍ・ヘンダーソンが正式に任命された初の女性チャプレンとなった。その後は女性チャプレンも急速に増えていき、一九七九年には夫婦でチャプレンをする「チャプレンカップル」も現れるようになっていった。

一九八七年になると仏教の聖職者にもチャプレンとしての門戸を開くために、国防総省はアメリカ仏教団（Buddhist Churches of America）を宣教母体として承認した。初めてムスリムのチャプレンが誕生したのは一九九三年で、陸軍チャプレンのアブドゥル・ラシード・ムハンマドがその人である。海軍がムスリム・チャプレンを採用したのはその三年後、一九九六年であった。一九九八年にはヴァージニアのノーフォーク海軍基地にモスクも設けられている。現在の米軍にどれだけのムスリムの兵士がいるか正確な数は不明だが、すでに軍隊内で支給される食事には豚肉フリーのものも用意されるようになり、二〇〇四年の時点では一七名のムスリムのチャプレンがいた。社会主義体制の崩壊後には、ロシアやポーランドの軍隊にもチャプレン制度が導入され、アメリカ軍からチャプレンが派遣されて協力に当たることもあったようである。[22] キリスト教以外の宗教のチャプレンとして実際の登場が一番遅かったのは仏教のチャプレンで、最初の採用は二〇〇四年になってからのことである。

ところで、ブッシュ大統領は湾岸戦争の「砂漠の嵐」作戦を開始する前夜、ホワイトハウスに著名な牧師であるビリー・グラハムを招き、翌朝までそばにとどまらせたという。[23] 合衆国大統領は「アメリカ軍最高司令官」であることを考えるならば、この時のビリー・グラハムは、チャプレン的な役回りを担ったともいえるかもしれない。

5　チャプレンの位置づけ

以上、かなり大まかにアメリカ軍における従軍チャプレン史を見てきた。次に彼らの位置づけや任務における理念などについても簡単にまとめておくことにしたい。

陸軍のウェブサイトにおける「チャプレン科」の紹介は、次のような一文から始められている。「ある者は神に仕え、またある者は国に仕える。その両方に仕える者、それが陸軍チャプレンである」[24]。これはアメリカ軍におけるチャプレンの位置づけや理解を最も端的に表しているであろう。また軍で将兵らは通常それぞれの階級で名を呼ばれるが、しかし従軍チャプレンの場合は、彼／彼女が大尉や少佐などであったとしても、通常は単に「チャプレン」と呼ばれることがほとんどのようである。それは彼らの任務や位置づけが士官、下士官、兵の垣根を超えた特殊なものであることを示している。

陸軍省から刊行されている「野戦マニュアル」には、「チャプレンたちは宗教上のリーダーでかつ参謀将校でもあるという二重の役割を担う」[25]と書かれている。彼らは宗教上のさまざまなニーズに応えるのはもちろんだが、同時に、担当する部隊の兵士の士気を維持する役割や、兵士たちの道徳面に関しても監督者的な役割を担う。すなわち、宗教・士気・道徳という三つの領域を総合的にカバーすることが、チャプレンには求められているのである。具体的には主に礼拝、聖餐式、洗礼、葬儀、結婚式などの儀式、各種記念行事、そして将兵ひとりひとりへのカウンセリングなどが重要な仕事となる。だがさらには、所属する部隊の軍事行動が現地の宗教文化に与え得るさまざまな影響を事前に予測し、指揮官に報告やアドバイスを行うこともチャプレンの任務とされている。したがって陸軍チャプレンには派遣される地域の宗教文化をあらかじめ勉強しておくことが求められる。[26]

従軍チャプレンの任務は「宗教サポート」という言葉で表現されており、それは当然軍の内部で行われるものだが、この場合の「軍の内部」には軍人の家族たちも含まれる。長期間戦地へ行って離ればなれになっている将兵の家族らに対する宗教面や精神面でのケアも、チャプレンが担当することになっているのである。また国防関連の仕事に従事しているシビリアン、さらには難民や敵の捕虜も同等のレベルで軍の「宗教サポート」の対象とされている。「陸軍規則六〇〇－二〇」[27]では、基地や部隊の各指揮官は、軍事作戦のあらゆる局面で幅広い宗教サポート活動の便宜を図る義務があると規定されている。その具体的実践の中心がチャプレンなのである。

戦地や基地におけるチャプレンの効果的な活動のために「ユニット・ミニストリー・チーム」（UMT）というシステムも考案された。これはチャプレンとチャプレンアシスタントそれぞれ一名以上を組にしたものであり、すべての宗教サポート活動はUMTを一つの単位として計画・実践されている。チャプレン用の「野戦マニュアル」には、「UMTは、ショックと疲労と孤独、そして怖れと死のただなかにいる兵士たちに、希望、信仰、勇気、あわれみを与える。軍事作戦の不確実なカオスにおいて、UMTは神の顕現を想起させる者たちなのである」[28]とも書かれており、宗教儀礼やカウンセリングを通し将兵の精神面を全面的にサポートするのが彼らの使命であることが宣言されている。

チャプレンらUMTの活動内容は、それぞれのおかれている状況や環境によって柔軟なものであらねばならないとされている。軍事組織は一般にそれぞれの政治的・戦略的状況によって規模や配置を頻繁に変化させるが、軍の中の宗教サポート活動も当然それぞれの状況に応じて適切な形を取らねばならない。「野戦マニュアル」の第二章では、国内外での大量破壊兵器によるテロ行為や、サイバーテロ攻撃による情報インフラに対する脅威についても言及されている。[29] 二〇〇三年の改訂版「野戦マニュアル」(FM1-05)では次のようにも述べられている。「脅威を測定可能・予測可能であった冷戦時代とは異なり、今日の軍隊は極めて曖昧で不確かな状況に直面する傾向にある。合衆国陸軍は世界規模の戦略・作戦・戦術による挑戦に対し、一国の軍として、あるいは統合軍もしくは多国籍軍の一部として、それに備えねばならない。合衆国陸軍のUMTもまた、どんな偶発事象や状況の中でも宗教サポートを提供する準備をしておかねばならない」[30]。

従軍チャプレンの仕事が一般の聖職者のそれと最も大きく異なる点の一つは、やはり特定の宗教に限定されない幅広い宗教上のサポートが求められるという点にある。陸軍公式ウェブサイトには、チャプレンであるために必要とされる条件の一つとして、宗教的多元主義の状況に適応し、さまざまな信仰を持つ軍の各要員に公平に気を配ることのできる人物であることが挙げられているという点は注目に値する。

チャプレンの聖職者としての権威は、軍からではなくあくまでそのチャプレンが属している宗教団体に由来する。だがチャプレンとチャプレンアシスタントには、軍人としての高潔な人格も期待され、「野戦マニュアル」には「陸軍チャプレンの真義」として次の六点が挙げられている。それは、「全ての宗教の基盤であり生に意味と方向性を与える」ところの“Spirituality”、「教えをいかに実践するかについて判断する」ところの“Accountability”、「表層の背後を見てわれわれに共通の人間性を見極める」ところの“Compassion”、「リーダーシップの役割を預言者的に解釈」したものとしての“Religious leadership”、「軍務と宗教的責任の基礎」としての“Excellence”、「自分自身のものとは異なる見方や考え方を尊重する」ところの“Diversity”である。31

だがこれらの六点はあまりに抽象的であって、理解しにくい部分もある。個々の理念についての詳しい解説はこれ以上はまったくなされていないのである。ところが実は、これらはそれぞれの頭文字を取ると“SACRED”（「聖なる」の意）となるわけである。軍ではしばしば、長い言葉になってしまう専門用語を各単語の頭文字から作った略語にして用いるが、これもその一つなのである。“SACRED”とはあまりにできすぎという感じがしないでもないが、軍としてはとにかくこうしたわかりやすい略語を作ってチャプレンのあり方を示して見せること自体に意味があるとしているのかもしれない。さしあたりこうした部分からも、軍がチャプレンに望んでいるものや、あるいはチャプレン自身が持っている自覚というものを推察することができるであろう。従軍チャプレンという存在の特殊性は、聖職者でありながら同時に士官でもあるという点にあるわけだが、彼らは自らを「司令の良心」（conscience of the command）とも称している。[32] そのような自覚を持って信仰の問題、軍事作戦の倫理的問題、兵士たちのQOLの問題などに幅広く取り組むわけである。

ところで、こうした常備軍のなかに宗教家がいるということについて、いわゆる政教分離原則の観点から問題になることはないのだろうかという疑問を持たれる人もいるかもしれない。だが結論からいえば、今現在もチャプレン制度は問題なく維持されている。

軍隊に聖職者をおくという制度に対する批判は、すでに一八五〇年ごろから起きていた。一七九一年の権利章典（憲法修正一条）においてすでに国教樹立の禁止や信教の自由が明文化されていたが、一九世紀半ばから、連邦政府によるチャプレンの雇用は憲法違反ではないかという声が起こり始めたのである。だが司法委員会はチャプレン制度を擁護し、結局それが廃止されるにはいたらなかった。軍隊（常備軍）が国家による組織である以上、軍のチャプレン制度と政教分離の理念とをどのように整合させるかは微妙な問題になるが、軍は特定の宗教を推奨するのではなく、あくまで兵士たちのニーズに応えるための環境を作るだけだという建前によって、二一世紀の現在でもチャプレン制度は十分な規模において維持されている。宗教を軍隊内から排除することによってではなく、逆に多くの宗教の聖職者を認めることによって公平性を保とうとしているようにも見える。すでに述べたが、ユダヤ教徒チャプレンは南北戦争の時期に現れ、二〇世紀末にはムスリムのチャプレンが、その少し後には仏教徒のチャプレンも現れた。そしてさらに時代がすすむと、軍において魔術崇拝（Wicca）さえも一応認めることとなり、そのチャプレンは現れてはいないが、兵士個人の認識票（いわゆるドッグタグ）の宗教の欄にそれを刻印することは許されるようになっているという。[33]

チャプレンの徽章には、ラテン十字、モーセの石板とダビデの星、三日月、法輪の四種類のものが用意されている。つまりキリスト教、ユダヤ教、イスラム教、仏教の四つであり、キリスト教徒が圧倒的多数を占めるアメリカ軍においても、チャプレンはキリスト教に限定されてはいない。「野戦マニュアル」には、陸軍チャプレン科のモットーとして、「兵士に神を、神に兵士を」（Bring God to Soldiers, and Soldiers to God）という言葉が挙げられている。[34] そこには、これはあくまで「非公式」なモットーである、と但し書きが添えられているが、一応これも陸軍チャプレンの位置づけを表現したものだといえるだろう。また全軍のチャプレン科のモットーは“PRO DEO ET PATRIA”、すなわち「神と祖国とのために」である。「兵士に神を、神に兵士を」にしても、またこの「神と祖国とのために」にしても、「神」という言葉が用いられてはいるが、これらはアメリカの通貨にも書かれている“IN GOD WE TRUST”などと同じように、特定の宗教に限定されない表現として捉えられているのであろう。

しかし陸軍チャプレン学校のモットーには、「神を畏れることは知恵の初め」（旧約聖書「詩篇」一一一章一〇節）という言葉が選ばれており、また紋章にもオリーブの枝をくわえた鳩が描かれている。つまり実際には、暗黙の前提としてキリスト教やユダヤ教が念頭におかれる傾向が強いことは否定できない。

だが一九八四年に制定されたチャプレンアシスタントの徽章デザインは、左右の手のひらが扉の開かれている建物を下から支えている様子をシンプルな線で図案化したようなデザインになっており、これは特定の宗教を連想させないよう配慮したものではないかと思われる。

ところで、チャプレンやチャプレンアシスタントになるためには、所定の訓練を経てその資格を得る必要がある。そのための一連の教育や研究を行っているのが、陸軍の場合は現在サウスカロライナのフォートジャクソンにある「合衆国陸軍チャプレンセンター&スクール」である。先にも述べたが、初めて陸軍チャプレン学校が作られたのは一九一八年である。それは当時のチャプレン、アルドレッド・A・プルーデン少佐によって計画され、ヴァージニアのフォートモンローに作られた。プルーデンは今も「陸軍チャプレン学校の父」といわれている。現在ここには「陸軍チャプレン博物館」も併置されている。この「合衆国陸軍チャプレンセンター&スクール」はもちろんアメリカ陸軍のチャプレン養成を目的とした施設であるが、外国（同盟国）の軍隊のチャプレンの訓練を受け入れる体制も整えている。

この学校で行われる訓練で中心となるのは、チャプレン士官基礎コース（Chaplain Officer Basic Course）という課程で、これは従軍チャプレンとしての仕事を九〇日間で学ぶコースである。それぞれの教派や宗教団体からすでに聖職者としての資格を得ているものがこれに参加する。基本的には大学院修士以上の学位が求められるが、それ以前にアメリカ国籍もしくは永住権を持っていることが必要であり、事前に身元調査、身体検査なども行われる。チャプレンアシスタントには、一分間に二〇ワード以上のタイプライティングができることや、任務に必要な車両運転免許、武器を持ち使用する意志があることなどが条件となっている。

チャプレン士官基礎コースは大きく四つのパートにわけて進められる。まず最初の四週間で、戦闘スキルを除く陸軍の一般的な知識や技術を習得する。具体的には陸軍の慣習や儀礼、地図の読み方、各種作戦に関する知識、サバイバルの方法などである。次の二週間は軍での書類作成や通信の方法を学ぶ。そして次の三週間と最後の三週間とで、陸軍チャプレンとしての特殊な知識や実践のための訓練が行われる。一方チャプレンアシスタントは、七週間の集中訓練によって陸軍における宗教活動をサポートする方法や、兵士らが個人的な困難を訴えてきた際の対応などについて学ぶ。彼らは事前に「戦闘基礎訓練」を修了している必要があるが、それは彼らが武器を携帯してチャプレンの安全を確保することに責任を負わねばならないからである。

チャプレン士官基礎コースに入る時点で、候補生らはすでに髪を短く切りそろえ、女性も前髪は眉毛より長くてはならず、後ろ髪も襟に触れない長さにせねばならない。ヘルメットを被る際に邪魔になってはいけないし、防毒マスクの着用訓練なども行われるからである。服装も基本的には軍の戦闘服(Battle Dress Uniform)にコンバットブーツであり、この時点で身なりや所作は聖職者というよりは軍人そのものとなる。訓練期間中はアルコールとタバコも禁止され、彼らの一日は朝五時三〇分から六時三〇分までの体力訓練で始まる。その後に朝食、礼拝などが続き、夕方の五時三〇分までさまざまなプログラムによる教育を受ける。すべての教科で七〇％以上の点を取らねばならず、それ以下の場合は再試験等が課せられる[35]。一連の訓練コースを無事に修了すると陸軍チャプレンとなり、現役任務につくかあるいは予備役もしくは州軍のチャプレンとなる。現役任務の場合、最初はまず三年間の任務となる。予備役の場合は一ヶ月に一度の週末、および一年間に二週間の任務である。給与は他の士官と同様であり、年に三〇日の休暇、無料の宿舎、低掛金による生命保険、基地内のスポーツ施設利用の権利などが付随する。こうしてこの九〇日間で、彼らは宗教上のリーダーであると同時にアメリカ軍士官でもあるという二重のアイデンティティを獲得するのである。

6　従軍チャプレンは「矛盾」か「必要」か

以上、かなり大雑把にではあるが、アメリカ軍のチャプレン制度の歴史、および彼らの考えていることやいくつかの理念などについて見てきた。だがこれらは、必ずしも単純にアメリカの宗教史というだけの話ではない。例えば、ムスリムのチャプレンが初めて採用されたのは一九九三年であるが、それ以前にもアメリカ軍にはすでに多くのムスリムの兵士がいた。するとこうした時期にチャプレンを採用したことは、湾岸戦争を意識した政治的な意図がまったくないとはいい切れないと思われる。米墨戦争（一八四六―一八四八年）の際にメキシコ側はこの戦争をカトリック対プロテスタントの聖戦とするような認識を広めることでアメリカ軍兵士の士気の低下を狙った。そこでアメリカ側はそうしたプロパガンダに対抗するために、ニューヨークの主教らにコンタクトを取り、カトリックのチャプレンを集めて部隊に派遣したという。つまりチャプレン制度もまた、純粋な宗教活動とは別に、広い意味での戦略的な文脈で利用され得ることも推察できる。

軍隊のなかの聖職者に関しては実にさまざまな事例があり、多様な角度から議論をしていくことができるであろう。だが最後に触れておきたいのは、おそらく現代の日本人がこうした従軍チャプレンという存在について知ったときに第一に感じる疑問、すなわち倫理的な問題である。それをもっとも端的に示すのが、本章のはじめにも触れた、原爆投下の際の従軍チャプレンに関するエピソードである。

原爆投下の日や終戦記念日は、日本の各地で平和集会が開かれる。だが、原爆を搭載したB29エノラ・ゲイが基地を離陸するその直前に、従軍チャプレンがその乗組員を前にして簡単な礼拝を行ったことについて、日本のキリスト教徒が言及することは少ないように思われる。

プロテスタントのチャプレン、ウィリアム・ダウニー大尉は、第二次世界大戦当時、エノラ・ゲイを有する陸軍第五〇九混成飛行隊のいるテニアン基地で任務についていた。彼は部下たちのなす仕事の正しさに根本的な疑いを持つことはなかった。もちろんキリスト教徒として、人を殺すことを良いとは思わなかったが、戦争では「人を殺すことは勝つか負けるかの勝負のためだ。それを認めない者は、その代わりに敗北を受け入れるつもりでなければならぬ」と信じていたのである。[36] 一九四五年八月六日午前〇時に、エノラ・ゲイの機長ポール・ティベッツは部下たちに出撃前の説明会議を開いた。それが一五分程度で終わると、彼はダウニーを手招きした。そこでダウニーは、この出陣のために用意していた次のような祈りを唱えた。その全文は次の通りである。

全能の父なる神よ、あなたを愛する者の祈りをお聞きくださる神よ、わたしたちはあなたが、天の高さも恐れずに敵との戦いを続ける者たちとともにいてくださるように祈ります。彼らが命じられた飛行任務を行うとき、彼らをお守りくださるように祈ります。彼らも、わたしたちと同じく、あなたのお力を知りますように。そしてあなたのお力を身にまとい、彼らが戦争を早く終らせることができますように。戦争の終りが早くきますように、そしてもう一度地に平和が訪れますように、あなたに祈ります。あなたのご加護によって、今夜飛行する兵士たちが無事にわたしたちのところへ帰ってきますように。わたしたちはあなたを信じ、今もまたこれから先も永遠にあなたのご加護を受けていることを知って前へ進みます。イエス・キリストの御名によって、アーメン。[37]

同じくテニアンで任務についていたカトリックのチャプレン、ジョージ・ザベルカも、その基地には「特殊爆弾」を持つ部隊がいることは知っていた。しかし戦後になって、当時は原爆や戦略爆撃の恐ろしさを「感じるべきだったのに、感じていなかった」と回想している。[38] 民間人に危害を加えてはならないことを知ってはいたのに、無差別爆撃の非道徳性について、当時の教会や宗教指導者の誰も声を上げなかったという。

ザベルカによれば、終戦間近の大きなミサのとき、テニアン基地にスペルマン枢機卿が来たことがあった。枢機卿はそのとき、自由のために正義のために戦い続けよ、と力説したという。他の従軍チャプレンたちも、原爆投下の道徳的問題にはほとんど立ち入らなかった。ザベルカは、恐らくみなは爆撃はひどいことではあるがしかし必要だと感じていたのではないか、と述べている[39]。彼が原爆の恐ろしさを感じて深く後悔したのは、戦後に長崎へ足を踏み入れてからのことであった。生存している二〇〇名のチャプレンを対象に行われた一九八三年のアンケートでも、六五％のチャプレンが当時は原爆投下を支持していたと回答している[40]。

さて、私たちは、こうした信仰の姿をどう考えればいいのだろうか。いくらこうしたチャプレンが、自分たちはあくまで平和主義者であり、多くの敵を殺すことを祈るのではなく兵士の安全を祈るだけだ、と主張しても、それを立場が異なる人々に納得させることは困難であろう。軍事組織は戦闘の主体となるものである以上、そこに聖職者がいることについてはどうしても倫理に関する議論が生じる。彼らの活動が、破壊や殺人の黙認または正当化とも紙一重であることは否定しきれないからである。

しかし、その一方で、兵士たちの直面する現実を考えるならば、戦場にチャプレンがいることを一概に否定することも難しい。戦争が始まるまでは、普通の学生であったり夫や父親であったりした者たちが、短い訓練の後に「兵士」にされ、生まれて初めて戦場に送り込まれる。職業軍人たちも、やはりそれぞれに愛する家族を持つ人間に過ぎない。仲間が銃で撃たれ、爆弾に手足を吹き飛ばされ、心身ともに過酷な生活を強いられる戦場では、普段は信仰深くない者も「神」について考えずにはいられないだろう。そもそも戦争をするかどうかを決めるのは軍人ではない。政治家であり、また国民全体である。軍隊に聖職者がいることがおかしいからといって、軍から聖職者を追い出せば戦争がなくなるわけでもない。そのようなことをしても、孤独な兵士が残されるだけである。

現在の日本の宗教文化や、憲法二〇条、八九条などを鑑みれば、自衛隊にアメリカ軍式のチャプレン制度を導入することは現実的ではない。だが二〇一一年の東日本大震災では約一〇万名の自衛官が被災地に派遣され、人命救助や遺体収容を行ったことなどを考えると、やはり時にはチャプレンが必要とされる場面もあるのではないかとも思われる。戦争が「悪」であることは自明である。だが軍隊と宗教に関する倫理問題を「軍人の宗教的実存に関する問題」と「社会的レベルでの平和に関する問題」とにわけて考えることも重要であろう。軍人とその家族への宗教的サポートをすぐに「戦争協力」などと見なすのではなく、それぞれ異なる次元の問題として扱う視点も求められるのではないかと思われる。

従軍チャプレンという存在について、ここで安易に何らかの評価をくだすことは控えたい。ただ重要なのは、端的にこれらもまた「戦争」「軍事」の一側面であり、また「宗教」という文化の一側面だということである。戦争そのものは悪であるが、人々は必ずしも悪意や憎しみだけで戦争をしているわけではない。チャプレンたちの祈りも、兵士たちの信仰も、立場が違えばそれに納得や共感はできないにしても、決してそれ自体として虚偽なのではない。平和を望みながら戦争をしてしまうところに、戦争の悲惨さの根源がある。そうしたことを念頭に、改めて「平和」について考えていくべきであろう。

1 Studs Terkel, *The Good War, An Oral History of World War Two*, Pantheon Books, 1984, p. 533.

2 キリスト教と戦争・軍隊の関係についての歴史に関しては、次の文献を参照。ローランド・H・ベイントン著『戦争・平和・キリスト者』（中村妙子訳、新教出版社、一九六三年）(Roland H. Bainton, *Christian Attitudes Toward War and Peace*, Abington Press, 1960)。J・ヘルジランド、R・J・デイリー、J・P・バーンズ共著『古代のキリスト教徒と軍隊』（小坂康治訳、教文館、一九八八年）(John Helgeland, Robert J. Daly, J. Patout Burns, *Christian and the Military: The Early Experience*, Fortress Press, 1985)、木寺廉太『古代キリスト教と平和主義—教父たちの戦争・軍隊・平和観—』（立教大学出版会、二〇〇四年）。

3 Army Regulation 165-1, Department of the Army.

4 海軍のチャプレン科は同一七七五年一一月二八日、空軍のチャプレン科はずっと遅く、第二次世界大戦後の一九四九年五月一〇日に誕生した。空軍だけが遅いのは、アメリカ軍のなかに独立した軍としての空軍が組織されたのがそもそも一九四七年になってからのことだからである。第二次世界大戦で使用された航空機やパイロットは、陸軍航空隊あるいは海軍航空隊の所属である。

5 Keith E. Bonn, *Army Officer's Guide, 49th edition*, Stackpole Books, 2002, p. 184.

6 http://www.goarmy.com/JobDetail.do?id=317（このウェブサイトは頻繁に更新がなされている。本章では二〇〇七年一〇月時点での掲載内容を参照した。）

7 アメリカ軍チャプレンが自らの言葉でどのように戦争や軍隊について語っているかについては、田中雅一「米軍チャプレンの研究—構造分析と主観的視点—」（『国際安全保障』第三五巻第三号、二〇〇七年）でも紹介・分析されている。

8 日本の外務省などが発行している文書では、chaplain は「宗教要員」とも翻訳されている。

9 小熊英二『市民と武装—アメリカ合衆国における戦争と銃規制—』（慶應義塾大学出版会、二〇〇四年）一八頁。

10 アメリカにおける民兵の歴史それ自体に関しては、Allan R. Millett and Peter Maslowski, *For the Common Defense: A Military History of the United States of America*, Free Press, 1994.；鈴木滋「米国の『国土安全保障』と州兵の役割—9・11同時多発テロ以降の活動を中心に—」（『リファレンス』二〇〇三年七月号、五三—七八頁）および、河野仁『〈玉砕〉の軍隊、〈生還〉の軍隊』（講談社、二〇〇一年）三七頁以下を参照。河野は同書のなかで、アメリカにおける入営の社会過程や戦場における兵士の行動について詳しく分析している。同書二〇四頁および二四〇頁以下では、兵士と宗教との関わりについても触れられている。

11 Cf. Charles E. Grooms, *The Chaplain: Fighting the Bullets*, Ivy House Publishing Group, 2002, pp. 18ff.

12 Cf. US Army Chaplain Center and School, *Brief History of the United States Chaplain Corps*,（http://www.Usachcs.army.mil/HISTORY/Brief/TitlePage.htm）Last Revised 05 March, 2004.〔以下この文献は *BH* と略記する。〕

13 Department of the Army, *Field Manual 16-1: Religious Support*（1995）, p. vii.

14 Cf. *BH*, Chapter 1.

15　Cf. *ibid.*, Chapter 1.
16　Cf. *ibid.*, Chapter 2.
17　Cf. *ibid.*, Chapter 3.
18　ベルリンのドイツ軍カトリック従軍司祭会館で関係資料の管理を担当しているモニカ・ジーダーホフへのインタヴューによる。
19　ローザンヌにあるブレントの記念碑には「アメリカ遠征軍チーフ・オブ・チャプレン一九一七－一九一九」と刻まれているが、「チーフ・オブ・チャプレン」の役職が設置されたのは一九二〇年からであり、彼が公式にその肩書きを持つことは実際にはなかった。
20　Cf. *BH*, Chapter 6.
21　Cf. *ibid.*, Chapter 6.
22　田中雅一「従軍牧師―あるいは越境する聖職者―」（青弓社編集部編『従軍のポリティクス』青弓社、二〇〇四年）一五六頁。
23　森孝一『宗教からよむ「アメリカ」』（講談社、一九九六年）六九－七〇頁。
24　http://www.goarmy.com/chaplain/index/jsp（二〇〇四年一〇月現在）
25　Department of the Army, *Field Manual: 1–05, Religious Support*, 2003, Chapter 1, p. 7.
26　*Ibid.*, Appendix F: Guide for Religious Area/Impact Assessment.
27　Army Regulation 600–20, Department of the Army.
28　*Field Manual: 1–05, Religious Support*, Chapter 1, p. 9.

29 *Ibid*., Chapter 2, p. 2.

30 *Ibid*., Chapter 2, p. 6.

31 *Ibid*., Chapter 1, p. 11.

32 *Ibid*., Chapter 3, p. 25.

33 ダイアナ・L・エック著『宗教に分裂するアメリカ―キリスト教国家から多宗教共生国家へ―』(池田智訳、明石書店、二〇〇五年）六七四頁。(Dianna L. Eck, *A New Religious America: How a "Christian Country" Has Become the World's Most Religiously Diverse Nation*, Harper Collins Publishers, 2001)

34 *Field Manual: 1–05, Religious Support*, Chapter 1, p. 10.

35 Chaplain Personnel Management, (Department of the Army Pamphlet 165–17), 1998, p. 7.

36 ゴードン・トマス、マックス・モーガン＝ウィッツ著『ドキュメント原爆投下 エノラ・ゲイ』(松田銑訳、TBSブリタニカ、一九八〇年）三九七頁。(Gordon Thomas, Max Morgan-Witts, *Ruin from the Air*, Hamish Hamilton, 1977.)

37 同書、三九九–四〇〇頁（原文にしたがって翻訳の一部を変更した)。

38 Studs Terkel, *op. cit*., p. 533.

39 *Ibid*., p. 531–536.

40 Donald F. Crosby, *Battlefield Chaplains: Catholic Priests in World War II*, University Press of Kansas, 1994, p. 246.

第2章　信仰と国防の間

——日本軍と自衛隊のなかのキリスト教（陸海軍人伝道と自衛官キリスト教徒）——

さて、カイサリアにコルネリウスという人がいた。「イタリア隊」と呼ばれる部隊の百人隊長で、信仰心あつく、一家そろって神を畏れ、民に多くの施しをし、絶えず神に祈っていた。

新約聖書「使徒言行録」一〇章（日本聖書協会、新共同訳）

1 日本の軍事とキリスト教

前章ではアメリカ軍におけるチャプレン制度について見てきた。では日本においてはどうだったのかといえば、旧日本軍においても将兵への宗教的支えの必要性はある程度は認識されており、僧侶や牧師が軍の許可を得て将兵のもとに足を運ぶことがあった。ただし、彼らはアメリカ軍の場合のように士官の階級を与えられた軍人ではない。つまり兵科としてのチャプレン科に相当するものはなかった。

日清戦争のころには、許可を得て活動する牧師に軍隊内の宿舎が充てがわれることもあったようだが、彼らは公的にはあくまで「慰問使」という肩書きで任命されていた。日露戦争の時代には、一部の牧師たちから日本政府にチャプレン設置の要請がなされ、また政府も必ずしもそれに否定的ではなかったようだが、さまざまな理由から実現には至らなかった。しかしそれでも実際にはさまざまなレベルで宗教的な慰問がなされ、例えば日本基督教青年会同盟（ＹＭＣＡ）などは軍隊最高幹部の承認を得て「兵士慰問隊」を組織したこともあった。[1] 第二次世界大戦時における教会や牧師の戦争への関わりについても、最近少しずつまとまった研究成果が出されるようになってきている。[2]

現在の自衛隊においても、アメリカ軍式のチャプレン制度は存在していない。今の日本のキリスト教徒の数は総人口の約〇・八％であるが、自衛隊のなかにもキリスト教徒はいて、最高階級にまで昇進し立派に職務を果たした自衛官キリスト教徒も決して少なくはないようである。自衛隊にチャプレン制度がない理由は、現代日本の宗教文化がアメリカなどと大きく異なることに加え、憲法二〇条（国の宗教活動の禁止）や八九条（公の財産の支出又は利用の制限）の解釈などによるところが大きいと考えられる。だが、それ以前に、戦後日本のキリスト教界では、太平洋戦争を反省し憲法九条を肯定的に評価する雰囲気が非常に強く、一九九〇年代半ばごろまでは、あからさまに自衛隊に批判的な人も少なくなかった。もちろん過去の戦争を反省し平和を望むのは正しいことなのだが、結果として牧師やキリスト教研究者たちの間でさえも、自衛隊等に関して積極的に触れることは一種のタブーのようになってしまっていた。一部の人々を除いて、チャプレン制度などについてもまともに議論されることはほとんどなかったのである。

戦争や軍事と宗教との関係には、当時の人々の信念やプライドの葛藤があり、また関係者間の複雑な人間関係もあり、学問的研究として扱うのが難しい部分もある。だが本章では、日本の軍人伝道や自衛官キリスト教徒に関する事柄について、そのごく一端だけでも見ていくことにしたい。

以下、まず前半では、日本軍創設のころから行われていた伝道活動について簡単にまとめる。軍人伝道に関する先行研究としては最もまとまった成果の一つである峯崎康忠の研究[3]に依拠しながら、軍人伝道に関わった主要人物について整理していきたい。そして後半では、一九五四年に自衛隊が誕生して以降、その内部で自衛官キリスト教徒がどのように活動し、また何を思い考えていたのかなどについてまとめていく。その際には一般の牧師と自衛官キリスト教徒との葛藤の事例を見ながら、彼らが日本のキリスト教界でどのような環境におかれていたのかについても考察していくことにしたい。

2　エステラ・フィンチ、黒田惟信と「陸海軍人伝道義会」

日本が近代的な軍隊の建設に着手し、陸軍省・海軍省を設置したのは一八七二年である。その七年後には東京招魂社が靖国神社と改称され、一八八二年には西周の起草による「軍人勅諭」が発布された。だが同時に、日本軍の内部に向けたキリスト教伝道も、軍創設のころからなされていたのである。

軍人伝道において比較的長きにわたって影響を及ぼすことになったのは、宣教師エステラ・フィンチと牧師の黒田惟信による「陸海軍人伝道義会」である。まずはこれについて解説し、その後でこれ以外の何人かの伝道活動について触れることにしたい。

エステラ・フィンチは一八六九年にウィスコンシン州に生まれ、一八九三年、二四歳の時に超教派の宣教師として来日した。最初は姫路で活動していたが後に東京へ居を移し、荻窪や上高井戸、松原に日曜学校を設けて自給伝道に励んだ。しかし伝道活動は必ずしも思うようにはいかず、フィンチは日本人の贖罪意識の欠如に失望し、やがて帰国を考えるようになる。だがちょうどそのころ伝道旅行中であった横須賀日本基督教会牧師の黒田惟信[4]と知り合い、彼と話をするうちにそれまでの偏見を悟った。そして海軍の街横須賀で生活していた黒田の「軍人には軍人の教会が必要である」という持論をもとに、両者の間でともに軍人伝道を行おうという話がまとまるにいたった。

フィンチは一時帰国してからすぐに再来日し、一八九九年に横須賀に「陸海軍人伝道義会」を設立した。会長はフィンチ、主任に黒田惟信が就任した。この陸海軍人伝道義会は、「日本帝国陸海軍人並ニソノ家族内ニ福音主義ト基督教ヲ宣布スル」を目的とした。「信仰ヲ告白シ、会ノ目的ヲ賛助スル志アル者」を会員と認め、「外国ニ於ケル団体マタハ日本ニ於ケル宗教団体若クハ営利ヲ目的トスル団体ト法律上何等関係ナシ」とするものであった。[5] 一九〇二年には舞鶴支部と佐世保支部、一九〇三年には呉支部も誕生している。

フィンチは一九〇九年に日本に帰化して、名前を「星田光代」と改めた。彼女は伝道義会を設立して以来、黒田牧師から日本史について多くを学び、また史跡や御陵をたずね、また俳句にも興味を持ち、書道の腕も見事なものになった。さらに仏教者とも親しく交わり、日本と日本人を非常によく理解した。そして皇室にも敬意を持ち、両陛下の写真を桐の箱に入れて自室に奉安していたという。[6] また伝道義会では、礼拝と説教は黒田牧師が行い、星田は軍人の母親役をつとめたので、集まってきていた若者たちは彼女をマザーと呼び、また彼女は彼らをボーイズと呼んでいた。

黒田惟信牧師は一八六七年の生まれで、フィンチより二つ年上である。彼は静岡師範学校を卒業後に小学校教師をつとめていた。一八八五年に東京の牛込日本基督教会で奥野昌綱牧師から受洗し、明治学院大学神学部を経て、一八九六年から横須賀日本基督教会の牧師となっていた。黒田は一九〇四年以来「軍人伝道義会月報」を編集発行しており、これは一九一〇年の七二号まで発行された後休刊となった。その後改めて「信仰の盾」と改題されて再発行されたが、これも経済上の問題から一九一五年に再度休刊している。

これら刊行物は、離れて暮らし互いに直接顔を合わせる機会の少ない軍隊のキリスト教徒たちにとって大切な絆であり、この伝統は後に述べる自衛隊のキリスト教徒の会においても続けられている。

星田が日本に帰化したのが一九〇九年であるが、その時代の日本は日清戦争に勝利し、続いて日露戦争でもロシアのバルチック艦隊を破って勝利をおさめるなど、勢いに乗っていた時期である。急速に西洋文化が取り入れられ、だからこそかえって、「日本的精神」が強く意識される傾向のある時代でもあった。そのため軍内部では、「キリスト教は軍人には向かない」という否定的な感情も根強かった。海軍機関学校では上級生から呼び出され、「貴様たちの中でヤソの教会に行っている者は一歩前に出ろ」といわれ、「キリスト教は日本の国体に相入れない宗教である。こんな宗教に行くとはもっての外である」といってひどく殴られることもあったという。[7]

しかし、そうしたエピソードがあったと同時に、軍のキリスト教に対する寛容な態度とも取れるものもあった。伝道義会の会員の一人に山中朋二郎・元海軍中将がいる。彼は海軍機関学校二一期生で、後に第二〇連合航空隊司令官になった人物である。山中によれば、彼が機関学校を卒業した一九一二年の卒業式には、星田（フィンチ）が来賓として招かれた。山中は式後の茶話会で教官に呼ばれ、星田と教官の前で堅くなって再敬礼したという。軍の学校の最大の行事に、外国出身の、しかもキリスト教の女性宣教師が招かれたということは山中自身でさえ驚きであったという。これは当時の海軍の国際的視野、および宗教に対する寛容の気風を示すものの一つだといえるかもしれない。[8]

星田は内村鑑三とも交流があった。内村は一九一九年から一九二一年の間に何度か横須賀へ、心臓を患っていた星田を見舞いに行っている。星田が信州御代田に山荘を設けて、病気療養の傍で近隣伝道をしていたときも、内村はこの地の伝道集会の旅のなかで彼女を見舞いに行っている。星田は一九二二年に一時ハワイで静養し、その後やや健康を取り戻したので日本に帰国し、関東大震災の罹災者の慰問にも当たったが、一九二四年に永眠した。やがて黒田も病に倒れたが、彼の死に先立つ一〇日前、再起の見込みなく後継者もいないことから、財団理事会では伝道義会の解散を決議することとなった。黒田は一九三五年に永眠し、星田と黒田の墓碑はともに横須賀の曹源寺山上におかれている。

星田光代については、『産経新聞』（一九九九年四月八日夕刊）や『キリスト新聞』（一九九九年九月四日）でも紹介された。この一九九九年は、伝道義会の設立（一八九九年九月）からちょうど一〇〇年目にあたり、彼女の功績を再評価しようという声もあがっていたからである。伝道義会の会員で内村鑑三とも深い関係にあった太田十三男・元海軍少将は、星田光代を次のように評している。

> 単独婦人の身を以て青年軍人を神に導くには単純なる母性愛を以てのみでは足りない。潔き愛がなければならない。女史がボーイズと共にあるところにスイートホームの楽しさがあったが、しかも真向に親しんで乱れざる潔さがあった。暖かき慈愛の中にも聖く冒し難きところがあった。女史の母性愛は春風あたたかき桜の花の如きでなく寧ろ秋霜に薫る菊の花の愛であった。かくして女史

は潔き婦人観を不識の間にボーイズの心に植えつけた。[9]

3　その他の軍人伝道

では次に、「陸海軍人伝道義会」以外のいくつかの伝道活動についても簡単に整理しておきたい。時代は星田（フィンチ）が来日した一八九三年よりも少し前に遡る。

横浜公会に属し海軍兵学寮（後の海軍兵学校）で英語教官をしていた粟津高明は、仲間七名とともに東京支会を設立して伝道師となった。粟津は一八三八年生まれで、一八六八年にJ・H・バラから受洗している。伝道義会の黒田惟信は奥野昌綱から受洗し、奥野は伝道義会の有力な助言者の一人であったが、粟津が横浜公会に東京支会設立の請願を出した相手もこの奥野であった。つまり黒田も粟津もともに奥野とは師弟関係にあったのである。粟津が教官をつとめていたのは一八八〇年までであるが、一八七四年ごろから毎週日曜に兵学寮の食堂に生徒有志を集めてキリスト教の講義をしていたといわれている。

粟津の薫陶を受けたなかには、後に将官の地位にまで昇進した者もあり、例えば世良田亮海軍少将、瓜生外吉海軍大将などもその一人であった。[10] この二人はアナポリスの海軍兵学校にも留学した経験を持っている。世良田亮は、正宗白鳥が書いたもののなかで、市ヶ谷の教会には世良田海軍大佐がおり会員中第一の地位を占めていた、という一節としても登場しているようである。瓜生外吉は日露戦争で第四戦隊の司令官として艦隊を率い、一九〇四年二月九日仁川沖海戦でロシア海軍を破っている。彼は後に男爵、そして大将となった。

栗津は自宅に塾を設けて、数名の寄宿生も受け入れていたが、そのなかには同じく海軍兵学校の教官をつとめて後に美普教会牧師となった和田秀豊などの人物もいる。栗津の死によって彼のグループはその支柱を失うが、栗津の遺言および当時を代表する牧師である植村正久の斡旋などもあって、小崎弘道の教会と合流する。これが後の霊南坂教会である。[11]

軍隊内の伝道に貢献をしたもう一人に佐伯理一郎がいる。彼は熊本洋学校で聖書に触れ、後に熊本県立医学校を卒業した後に上京し、内村鑑三らとも接触した。彼は小崎弘道から受洗している。佐伯は海軍の軍医を志願し、横須賀海軍病院に軍医として任官した。やがて佐伯は横須賀造船所付となって転出するが、そこでは官舎を集会の場として開放・利用し、伝道を目的とした婦人教室（毛糸編物・西洋料理）にも利用され、軍医やその他の海軍士官、また造船技師の夫人たちが多く学びに来た。このころから東京芝教会で受洗した河村裕子が協力するようになるが、彼女は海軍病院長で軍医大監の河村豊洲の夫人であった関係から、軍医関係の求道者も増えていった。佐伯は日清戦争中は軍医として応召し、長崎と佐世保で勤務した。戦後は京都で佐伯病院を開いた。

日本のキリスト教指導者たちの一部は、日清戦争時から積極的に軍隊慰問なども行っていた。日清戦争が始まると本多庸一、植村正久、井深梶之助らによって清韓事件基督教同志会が結成され、彼らは各地で遊説している。本多は『軍人必読義勇論』などのパンフレットを作成して軍隊に配布し、キリスト教の立場から戦争の意義や軍人の心構えなどを説いた。また大阪教会の宮川経輝は報国義団を編成して戦場をまわり、兵士を激励して歩いたという。[12] 一八八八年二月一日の『基督教新聞』によれば、大本営がキリスト教徒の慰問使の従軍を許可したため、本多庸一、山中百、宮川経輝、寺田藤太郎らが派遣されることになった。[13] 日露戦争でも本多庸一、小崎弘道、海老名弾正らはそれを義戦と捉えて、軍隊慰問使の派遣や軍人向け小冊子の配布、募金促進などにつとめた。[14] またその一方、内村鑑三や柏木義円のように、日清戦争には賛成したが日露戦争には反対した者もおり、この時にキリスト教徒のなかから最初の良心的兵役拒否者（矢部喜好）が現れている。

次に十時菊子の名を挙げよう。彼女は一八七四年に福岡県で生まれた。小さいころから頭脳明晰で、私立柳川中学伝習館を経て、一八九〇年に一六歳で上京して女子学院に入学した。彼女は在学中にフィンチ（星田光代）と出会い、キリスト教に帰依した。一八九六年に卒業すると新潟県の私立高田女学校に奉職し、その傍でフィンチの個人伝道を助けたという。佐世保と舞鶴の支部は適当な運営者がいなくなったことからやがて閉鎖してしまったが、呉支部では十時菊子が単独で「呉海軍軍人ホーム」を開設することで発展的に解消した。

軍人ホームの事業は日本では最初の企てであり、経営は決して容易ではなかったが、次第にホーム入舎を希望する人たちも増え、寝具が不足するようにさえなっていった。そこで十時は創業三年目に上京して、恩師の矢島楫子や植村正久を訪問し、両氏に理解と協力を求めている。十時の熱心な活動に感銘を受けて物的援助を申し出る人も少なくなかったようだが、しかし彼女は、これは帝国海軍軍人に関する事業であるから日本人だけで維持するとの方針を採り、フィンチなど例外的な人たちを除いて、基本的には外国人からの援助を謝絶した[15]。

一九二三年にホームは創立一五周年となり、当時の鎮守府司令長官で、後に内閣総理大臣になる鈴木貫太郎大将をはじめ、多くの軍官民有志がこれを祝った。そこでは、鈴木長官の祝辞、波多野大佐（当時、平塚海軍火薬廠長）らによる歓迎の辞、舎母である十時の挨拶などがあり、また植村正久による応援伝道として、呉海兵団講堂でキリスト教に関する講演も行われたという。峯崎によれば、これは「海軍部内で公然となされた基督教講演の嚆矢」とされている[16]。

十時はホームの事業を通しての功労者として、海軍大臣と内務大臣からそれぞれ表彰された。また一九三一年には、カナダのトロントで開催された万国基督教夫人矯風大会にも日本代表として出席した。だが一九四五年七月の呉大空襲によってホームは灰燼に帰し、十時はその翌年、七二歳で永眠した。

呉とキリスト教との関わりは、呉鎮守府設置のころにまで遡る。一八八六年に呉浦の漁村に海軍の鎮守府が設けられ、ここで数名のキリスト教徒軍人が中心となって聖書研究を始めた。これが呉日基教会の源泉であり、峯崎は「呉の日基教会はいわば海軍とともに生まれ、海軍とともに成長していった」と述べている[17]。

もう一名触れておくべきなのは松村里子である。松村は福岡と諫早で小学校や女学校の教師をつとめ、後に横浜の捜真女学校に赴任したが、その際にカンバス校長や中居京牧師の導きによってキリスト教に入信、神奈川バプテスト教会（現、日基・明星教会）に所属した。その後、一九二一年ごろに捜真を辞して、大阪滞在中にたまたま十時の「軍人ホーム」のことを知った。そこで彼女は使命を感じて、一九二三年日本基督教矯風会佐世保支部のはじめた海軍軍人ホームの舎母として、佐世保・石坂町に居を定めることになった[18]。一九二五年から、松村個人の経営による「佐世保海軍軍人ホーム」が発足した。この軍人ホームの趣旨のなかには、「御勅諭ノ聖旨ニ添イ奉ル忠良ナル海軍軍人タラシム」とか、「御勅諭ニ副ヒタル海国有用ノ人物タラシムコトヲ期ス」等と謳われていたが、峯崎によれば、それは「対象が軍人であっただけに、当時としてはやむを得ないところであった」[19]という。松村は内村鑑三の思想や精神に惹かれそれを支持し、聖書だけでなく、内村の著作を座右の書にしていた[20]。松村里子は、一九三五年に六二歳で永眠した。

最後に、利岡中和の名も忘れられてはならない。利岡中和は、一八八八年に高知県で生まれ、一七歳のときに兄の入信をきっかけに両親ともども受洗した（日本聖公会）。彼は陸軍経理学校に入学し、一九一四年には青島攻囲戦にも参加している。後に陸軍委託生として東大経済学部に派遣されるなど、優秀な人物であった。だが東大在学三年目ごろから信仰上の立ち直りを経験し、陸軍退官を決意するにいたる。

利岡は一九二一年に小さなしるこ屋を開業し、数年後に自宅を落合に移して「福音」のあかしの場とした。そして伝道誌『コルネリオ通信』を発行し、まずは同期生に対する文書伝道として配布した。[21]また当時、利岡の自宅では毎週日曜午後七時から「ヨハネ伝研究」が続けられ、同時に軍人信徒会開催の計画も進められていた。そして一九二四年に、第一回のコルネリオ会の会合が京橋木挽町の聖パウロ教会で開かれた。その日には陸軍から六名と海軍から四名が集まった。「伝道義会」との交流も始まり、伝道義会の太田十三男がコルネリオ誌に寄せた書信は、そのままコルネリオの信仰、伝道姿勢として受け入れられていったという。[22]

コルネリオ会の目的や組織については以下のように謳われた。

目的：帝国軍人よりキリスト信徒の続出せん事を祈求するにあり
総裁：神なり、宜くは『我は有りて有る者なり』
会長：キリストなり……（略）
顧問：聖霊なり……（略）
役員：『無益の僕』なり……（略）
会員：帝国軍人及其の家族にしてキリストを信ずる者及求信者
賛助者：本会の趣旨に賛する一般信徒並に求信者
会費：『天の父は凡て之等の汝等の為に必要なるを知り給うなり、まず神の国と神の義を求めよ、

然は凡て之等の物は汝等に加へられるべし』（略）

守則：『汝心を尽し、精神を尽し、思いを尽して主たる汝の神を愛すべし、また己の如く汝の隣を愛すべし』[23]

コルネリオ（コルネリウス）とは『新約聖書』の「使徒言行録」一〇章に出てくる百人隊長の名である。軍人でかつキリスト教信仰を持つ者として彼の名前がつけられたのである。

昭和に入ってから、コルネリオ会と伝道義会との交流はさらに深まっていった。一九二九年には利岡の黒田・太田訪問、水野恭介宅における第四回のコルネリオ会開催、一九三〇年には第七回のコルネリオ会で黒田による講演も行われた。丸の内ビル地下室での「利岡しるこ店」では夜に伝道集会も開かれていた。[24]一九四一年に利岡にも召集令状が届き、彼は入隊して大連に渡った。後に東満牡丹江市にて任務につくが、利岡は現地の教会にも出席していたようである。病気で南山麓の病院に入院したときには、そこでも「信仰と病気」という題で病兵に講演をしたという。戦争が終わり、彼は再び伝道活動を始めたが、やがて老病により八四歳で亡くなった。[25]

以上のように、旧日本軍にはチャプレン制度こそなかったものの、さまざまな形でキリスト教伝道がなされていた。そしてそれらは、必ずしも一方的に日本の戦争を支持したり、あるいはそれに反対したりという性格のものではない。ほとんどは、戦争への支持あるいは反対に焦点を当てた活動というよりは、ただ素朴に、軍隊という特殊な社会のなかで働く者たちに信仰を伝えようとするものなのであった。

４　コルネリオ会の誕生と発展

では次に、自衛隊の時代に目を向けてみよう。

現在自衛隊には「コルネリオ会」というキリスト教徒のサークルがある。これは陸海空自衛隊員（幹部・曹・士・防大生・教官・事務官）およびその家族やこれに関係するキリスト教徒が、ともに聖書を学び、信仰と交わりを深めることを目的とした集まりである。プロテスタント、カトリック、無教会など教派の別を問わず、聖書研究会や修養会、祈禱会などを開催し、またニュースレターの発行を行っている。二〇一一年現在は、現職・ＯＢ・会友を合わせて三二〇名となっている。[26]この会の名称の「コルネリオ」は「使徒言行録」に登場するコルネリウスに由来するが、もちろん前節で触れた利岡中和らによる「コルネリオ会」の名を継承する形にもなっている。

自衛隊が誕生したのは一九五四年であるが、自衛隊内に自衛官キリスト教徒の会結成の動きが現れたのは、その五年後の一九五九年の春である。それは当時防衛大学校教授だった今村和男の肝入りだったという。またそれ以前から、防衛庁からアメリカへ留学していた有本優も各国に軍人キリスト教徒の会であるＯＣＵ（Officers Christian Union）があることを知り、日本にもそれを導入したいと考えていたらしい。さらにまた、自衛隊衛生学校教官だった武田貴美、および「聖書研究同好会」を作っていた防衛庁の清水善治などの協力もあり、日本OCU結成の機運が熟して、一九五九年五月二三日に、東京の美竹教会でその発会式が行われた[27]。その発会式では、会則の制定や役員の選定なども行われた。また、元海軍大佐でイギリスOCUの名誉会員でもある実吉敏郎からイギリスOCUについて述べられ、伝道義会の関係者として佐々木親、千葉愛爾から旧軍時代の軍人伝道についても紹介がなされたという。

そのころの自衛隊OCUにおける聖書研究会は、防衛庁、鹿屋海上航空隊、海上自衛隊三術校、八戸海上航空隊、江田島海上自衛隊などで行われていた。また実吉が戦前からイギリスOCUと関係していたことから、イギリスOCU、オランダOCU、韓国OCUなどとも交流を持つようになっていった。

OCUが最初に生まれたのは一八五一年のイギリスである。当時インドに派遣されていたソロッター陸軍大尉が、本国の同僚キリスト教徒将校に対して、彼とインドにいる同僚のために祈ることを求めたことから生まれたとされている。これは軍隊におけるキリスト教徒の信仰と交わりを深め、各自の使命達成に寄与することを目的としたもので、やがて各国の軍隊にも作られるようになっていった。アメリカOCUは大戦中の一九四三年に作られた。日本OCU（自衛隊コルネリオ会）の結成が一九五九年五月であるが、奇しくも同年の翌月に第一回OCU世界大会が開かれている。

一九七六年七月には第七回OCU世界大会がアメリカのヴァージニア州で開かれ、世界二二ヶ国から約六〇〇名の参加者があった。日本からは、千葉愛爾（久里浜教会）夫妻、武田貴美（衣笠病院長）夫妻、今井健次（防衛大学校）夫妻、矢田部稔（自衛官）の計七名が参加した。この大会では一週間を使ってさまざまなプログラムが組まれ、全体は次の四つを目的とするものであった。

①全出席者が自国軍隊においてキリスト教徒として活動することができるように励ますこと。

②世界各国のＯＣＵにおける神の恵みについて情報を交換しあうこと。

③軍人に関する各種問題につき信仰的な学びをなすこと。

④祈りによる霊的進歩の機会とすること。

世界大会へ出席したことは、参加者の一人である矢田部稔によれば、「七歳の少年から将軍まで、各国の多くの友達を得た」[28]ほど実りあるものであった。しかしその一方で矢田部は、キリスト教について聞く耳を持たない自衛隊と、世界の軍隊に関して知ろうとしない日本の教会に対して、キリスト教と軍人とが結合したＯＣＵという組織の意義や大会の成果について話すことは決して容易ではない、と感じたようである。自衛官キリスト教徒と日本の一般キリスト教界との関係については、後に改めて触れたい。

ＯＣＵの大会は、その後も世界大会や地域別国際大会が開かれ、日本ではこれまで、一九八六年、一九九五年、二〇〇二年、二〇一〇年にアジア大会を開いている。現在ではどの国でも会員を将校（Officer）に限定しないことからＯＣＵとはいわず、ＭＣＦ（Military Christian Fellowships）という名称を用いている。現在の自衛隊では、国内・自衛隊内では「コルネリオ会」（Cornelius Group）の名称を用いるが、同時にＪＭＣＦ（Japan Military Christian Fellowships）とも称している。

5　コルネリオ会の『ニュースレター』を読む

コルネリオ会は、定期的に集会や研修会を開き、また海外の軍人キリスト教徒の会とも積極的に交流を行っているが、何よりも「機関紙を最大の絆として活動」しているという。[29]

コルネリオ会の機関紙『ニュースレター』は、当会のホームページで一部を除きほぼすべてが公開されており、誰でも閲覧することができるようになっている。ＯＣＲソフトやスキャナーの不具合からか、文字化けして読めない号や誤字も若干見られるが、以下では、一九七〇年のNo.1から、二〇〇九年のNo. 121までの約一二〇部（Ａ４サイズで印刷して約三九〇枚）の『ニュースレター』を通して、彼らの関心や問題意識等について、主要な点を見ることにしたい。

この『ニュースレター』は会員のエッセーや行事報告などが主な内容となっており、それらからは、会員のそれぞれが実に真剣に「信仰」について、また「平和」について考えている様子が窺える。コルネリオ会の目的は、教派の区別なく、防衛という任務についている者がキリスト教信仰を通して交流することである。形式のうえでも実態のうえでも、神学的な立場や政治的な立場などに関して統一を図ることは一切ない。彼らにおいて共通しているのは、自衛官およびその関係者であるということと、キリスト教徒であるということ、この二点だけである。したがって、この『ニュースレター』が、特定の信仰問題や政治問題に関して会としての意見表明などに用いられることはない。

Ａ　軍人の戦場体験・牧師になった自衛官

この『ニュースレター』が、他の一般のキリスト教刊行物とくらべて特徴的であるのは、記事のなかに元日本兵の戦争体験や、牧師や宣教師になった軍人・自衛官の話題がしばしば見られることである。まず『ニュースレター』第一号（一九七〇年 No.1）には、元海軍大佐の淵田美津雄が防衛大学校で講演をしたときのことが報告されている。淵田美津雄は真珠湾攻撃のときの隊長であり、機上から「トラ・トラ・トラ」（我奇襲ニ成功セリ）を打電した人物である。彼は戦後キリスト教徒となり、宣教師となってアメリカに渡ったことでもよく知られている。一九七〇年六月に防衛大学校の聖書研究会のもとで、あくまで学生有志を対象とした課外講演として淵田を招く計画があった。だがこれは、最終的には全学生対象ということになり、淵田は約二〇〇〇名の防大生を前に講演をしたのであった。講演は戦術談を中心に行われたが、後半では神の問題、聖書信仰にも話が及んだ。『ニュースレター』では、「元の攻撃隊長が、今や誠の伝道者であることがあかしされ、学生は終始熱心に聞いていた」と報告されている。[30]

他にも戦争を経験した元軍人による寄稿もあり、戦死してもおかしくなかった場面で奇跡的に生き残ったことを神による恩寵として振り返っている記事もいくつか散見される。例えばある元海軍少将は次のようなエピソードを語っている。

第一は支那事変で第五水雷戦隊で中佐参謀をしていた時、せまい水路を出ての戦闘で爆弾が三発命中したが何れも不発であった。こんな事は普通にはあり得ない。第二は太平洋戦で巡洋艦球磨艦長としてセレベス島マカッサルでB24、一六機に襲われたが爆弾を受けなかった。戦後米軍パイロットの集会でこの時のパイロットに会い、聞いてみたら当時編隊の中に球磨攻撃に割り当てられた人が居なかったという日本軍としては考えられないような状況があったようである。第三は終戦処理でマッカーサー元帥の要求でマニラへ飛んだ帰路燃料不足のため海岸線に不時着を余儀なくされた時、いくつもの奇跡が重なって無事帰還することが出来た。主のお導きを感謝する次第である。[31]

戦中は伊東平治という日本名で少年飛行兵となり、戦後は二二年を空軍に、その後さらに一六年は民間航空に勤めたユン・クンソプは、韓国の軍人キリスト教徒の会（韓国OCU）の総会長となった。彼は国防長官、各軍参謀総長、従軍チャプレン、その他キリスト教徒将校と協力して活動したことについて書いた記事を投稿している。またある元海軍士官は、一九三七年（日中戦争勃発）にドイツへ出張する直前に、鎌倉の雪ノ下教会で、第二種軍装に略綬をつけ、短剣を提げた姿で洗礼を受けたという回想を書いている。[32]

単独で開拓伝道をする道を選んだ自衛隊の元三等海尉（少尉に相当）もいる。彼はもともとは日本基督教団に属していたが、その体制や思想が合わなかったという。「自衛官であったことを否定的に扱われることに我慢が出来ませんし、日本人であることを、日本の伝統、文化を否定するようなことが、信仰の証だとも思いません」と言い「私は許されるなら、従軍牧師になりたかった」とも述べている[33]。

『ニュースレター』のいくつかの号には「コルネリオ列伝」という軍人キリスト教徒に関するシリーズ物の記事もある。例えば榎本隆一郎の紹介もなされている。彼は海軍機関学校在学中に、先に紹介したエステラ・フィンチおよび黒田牧師と出会ってキリスト教徒としての道を歩むことになった。終戦時には中将まで昇進していた。戦後は日本瓦斯化学工業を設立して社長、水交会会長もつとめ、また国際基督教大学理事長として福音宣教に奉仕したことが紹介されている[34]。

B　平和および憲法九条について

自衛隊が戦争を意識せざるを得ない組織である以上、憲法九条に関することも何度か話題にのぼっている。ただしほとんどは同じ会員による寄稿である。前にも述べたとおり、コルネリオ会はあくまで自衛官キリスト教徒の交わりを目的としているものであり、宗教面でも政治面でも、思想や意見を統一しようとするものではない。『ニュースレター』に書かれていることも、コルネリオ会としての主義主張ではなく、あくまで寄稿者個人の見方であるに過ぎない。

自衛隊の存在と憲法九条の文章とが困難な矛盾を孕んだものであることは、多くの人々の目にも明らかであるように思われる。より良い国作りのためにはどちらを修正すべきかという議論について、多くの国民の間では意見がわかれているところだが、『ニュースレター』に寄稿されている九条に関連する記事を読む限りでは、基本的には、九条は肯定的に捉えられているという印象を受ける。

ある執筆者は次のように書いている。「第二次大戦後に出来た日米合作とも思われる日本の平和憲法は、始めはこの世離れした規定のように見えたかもしれないが、半世紀の施行期間を過ぎて実験の時代を終わり、その結果は世界の注目を浴びるような好成績といえるであろう」[35]。同じ執筆者は、「我々が新約聖書をそのまま読む時、世の常識では理解出来ないような事柄に当たることがある、平和憲法の場合も同様と考えられる」[36]とも述べ、さらに別の号でも次のように書いている。「旧約聖書の預言には『国は国に向かって剣を上げず、再び戦いのことを学ばない』（ミカ書四：三）とあり、他の箇所にも同様な御言葉がいろいろ書いてある。これは、全宇宙を創造し、地球を支配しておられる全能の神の啓示なので、人類はこれを守らねばならない。しかし、現在これを国是としている国は、キリスト教国ではない日本だけである。今後の国際条約における、我が国の使命は大きいと言わねばならない」[37]。

ある元陸将補（少将に相当）も基本的には九条を尊重しているが、ただし前者とはややトーンが異なる。彼はキリストを信じる者として、自衛官はその国家的な役割や権力を神から与えられたものとして感謝をもって受け、この世の秩序を守ることを大切にせねばならず、国の憲法についてもそれを尊重するのは当然のことであるとしている。しかしながら彼は、そうした憲法を、いかなる批判も許されない神聖なものであるかのようにまで持ち上げてしまうならば、それは憲法の枠を超え、十戒で禁じられている偶像に昇格させてしまうことにならないだろうか、と指摘している。そして次のようにも述べている。「現行憲法出生後の四五年間に、多くの国で憲法が制定され或は改訂されたが、外国人が第九条を日本から担ぎ出してはいないし、日本人がそれを輸出している実績もない。何故か。外国人は愚かであり日本人はけちである故か。日米安保条約とワンセットになっていない第九条は意味がないからである。長い歴史の中で豊富な戦争経験を持つ国民は、憲法を何枚重ねてもフセイン軍に対する楯になるものでもないことを知っている」[38]。

憲法九条の問題は、自衛官として上司の命令に従うことをどう捉えるべきかという問題と並んで、ロマ書一三節一章の「人は皆、上に立つ権威に従うべきです。神に由来しない権威はなく、今ある権威はすべて神によって立てられたものだからです」という言葉との連関で捉えられている様子も窺われる。

多くの一般のキリスト教徒たちも、教会では「平和」を祈り、歌う。軍人や自衛官でありながらキリスト教徒であることに違和感を感じる人もいるかもしれないが、しかし軍人や自衛官たちほど「戦争」をリアルに感じながら「平和」を祈る人たちもいないのではないだろうか。

一九七〇年ごろには、防衛大学校の聖書研究会でも、聖書の中の「殺すなかれ」「自分を迫害するもののために祈れ」という言葉を自衛官としてどう捉えるべきか、という議論が率直になされたことがある[39]。もちろんその極めて難しい問題にその場で明確な答えは出ていないようだが、こうした問いからも目を背けることなく、しっかりと議論する場を作って互いに話し合っている姿勢は、十分に評価されるべきであろう。

C　他国の軍人キリスト教徒の会との交流

聖書研究会や修養会の他に、コルネリオ会の最も重要な活動の一つとして、他国軍の軍人キリスト教徒との交わりが挙げられる。これらに関する報告も『ニュースレター』で頻繁に取り上げられる記事の一つである。

元海軍士官で戦後牧師となった一人は、西ドイツのダッセルで開かれたOCU国際大会に参加した際の感想として「人種の差別なく、言葉の障壁を感ぜず、誠に天国の一部を此世に持来らせり如き会合であった」[40]と述べている。こうした各国の軍人キリスト教徒の集まる国際大会の意義は非常に高く評価されている。体育競技や芸術なども国際親善に役立つことはもちろんだが、軍人キリスト教徒の集まりには少しの敵愾心も競争心もなく、純粋に平和を願う者たちの集まりであって、大変結構な大会であるとも書かれている。[41]

初めてOCU世界大会に出席した自衛官の一人は「神の与えたもう愛の交わりとはこのようなものかと言う強い感動を受けた」[42]とも回想している。

それ以後、世界大会や地域別国際大会が頻繁に開かれるようになり、初めて日本で開かれた一九八六年の東アジア大会に参加した自衛官の一人は、「過去の日本がアジアの人々に犯した過ちを語り、神の下にあって和解の労をとっている行動には感動しました。クリスチャンだからこそできたのであり、クリスチャンこそ率先して、まず和解からはじめなければならないという気持ちになりました」と述べている。[43] 二〇〇七年に台湾で開催されたアジア大会には、一六ヶ国以上、約三〇〇名の参加者があったと報告されている。[44]

海外の軍人キリスト教徒との交わりは、こうした大きな国際大会だけではない。日米のＯＣＵで合同の修養会も頻繁に開かれ、アメリカ空軍のリトリートセンターで日米合同のクリスマス会が開かれたこともある。[45] またアメリカの空軍大学に留学中のある一等空尉（大尉に相当）は、現地でもＯＣＵの活動が活発であるといい、基地で開かれている聖書研究会にも参加していることを報告している。[46]『ニュースレター』には防衛大生による Rocky Mountain High（ＲＭＨ）への参加レポートもある。[47] ＲＭＨとは、軍隊においてキリストのリーダーシップとは何かを学ぶことを目的とした修養会の一種で、コロラド州ロッキー山脈の麓、米国ＯＣＵの修養地であるスプリングキャニオンでの生活を通して、神の創造の御業に触れ、登山、結束法、渡河、川下り等の野外体験、朝夕の集会、聖書研究等をクリスチャンの仲間と行うものである。参加者は、米国士官学校学生、沿岸警備隊、一般大学の入隊予定者、すでに軍隊で勤務している者、その親戚の一般学生、防衛大学校学生などであった。

地理的に近い韓国ＯＣＵとの交流は特に活発なようで、韓国軍の従軍チャプレン制度をうらやましがる声もある。最近では防衛大に韓国からの留学生も多く来ており、彼らのなかには近くの教会の礼拝に出席したり、防衛大で行われている聖書研究会に参加している者もいるようである。[48]

また、韓国では朝鮮戦争が始まった日を記念して、毎年六月二五日から三日間 Holly Spirit 大会というものも開かれる。そこには「銃」ではなく「聖書」を持った将兵たちが約一万五〇〇〇人も集まり、ソウルの有名な牧師たちが、三日間入れ替わり立ち替わりメッセージを語り励ますとのことである。それに参加したコルネリオ会の会員は、「日本でも自衛隊の中に、富士山の麓で聖書をもって集まる Holly Spirit 大会がもてたら素晴らしいなあと感じました」と感想を書いている。[49]

二〇〇五年にはコルネリオ会の主催により、終戦記念日を含む八月一二日から一六日にかけて、アジア軍人クリスチャン聖書研究会が開かれた。コルネリオ会に協力している韓国人牧師は、「八月に日本でアジア諸国の軍人クリスチャンが集まって、キリストの中で互いに聖書を学び、互いに祈り合い、互いに交わることは今まで日本の中では例がなかったのではないかと思います。(中略)このようなことは、歴史的なことであり、本当に感動的なことでありました」と述べている。また続けて次のようなエピソードも紹介している。「韓国から参加されたある方は、わたしにこのように話しました。先生、実は、わたしは日本に来る前はあまり日本に対してよい感情を持っていませんでした。ただ、クリスチャンとの交わりだから一緒に交わろうと思っていただけです。しかし、皆さんと共に交わり祈りを通してわたしの考えは大きく変わりました。わたしは流れる涙を止めることはできなかった。私は神様に悔い改めて祈りました。日本に来られたことを本当に感謝しています」。[50]

個人レベルでも、海外の関係者との交流は積極的になされている。一人の自衛官は、都心に与えられた宿舎をコルネリオ会の集まりの場として活用できたことについて述べている。「韓国の統合参謀本部議長のLee Pil Sup将軍、その信仰の盟友Oh Hyung Jae教授、在日米軍のＡＭＣＦ会員スタッフ、またペルーのＡＭＣＦ会長などは二度以上来られ、いわば『主の家』として用いられてきたことを誇りに思っています」[51]。

軍隊という組織は互いを単なる敵味方として見るのではなく、むしろ健全な交流を通してお互いに信頼関係を築いておくことも、安全保障において極めて重要だとされている。といっても、もちろんコルネリオ会のメンバーたちはそのような効果を期待して他国の軍人たちと交わりをしているわけではない。彼らの意図は、あくまでキリスト教信仰を通しての純粋な交わりである。だがこのような信仰的な絆は「世界の軍人との武器を持たない裸のつき合いなので国際感覚修得のためにも良い機会である」とも考えられているようである[52]。

6　自衛官キリスト教徒の立場

では次に、こうした自衛官キリスト教徒たちのおかれていた国内での状況について見ていきたい。

自衛隊という組織の構成員であると同時にまたキリスト教徒でもある彼らの立場には、ときには困難なものがあったようである。ただしそれは、自衛隊内での日常業務や同僚との関係などに由来する困難ではない。むしろ、一般のキリスト教会や牧師たちによる自衛官キリスト教徒に対する無理解に基づく悩みであった。『ニュースレター』においても、自衛官でありキリスト教徒でもあるという立場の難しさに関する記事がしばしば見られる。約三一〇万人が死んだ太平洋戦争の記憶、そして憲法九条の観点などから、九〇年代中ごろまで、自衛隊という組織とその構成員に対する社会の風当たりは大変強いものであり、それはキリスト教徒である彼らにおいても同様であった。

『ニュースレター』には、「兎角反自衛隊的な空気の多い教会に於いてキリスト者自衛官のあかしを立てつつ苦闘しておられる兄弟もあるかと思いますが……」[53]といった文章がよく見られる。自衛官という職業から、一般の教会のなかで居心地の悪い思いをさせられることもあったようである。元海軍士官でのちに海上自衛官となったある会員は、「自衛隊内においてキリスト教徒なる故に不利な処遇を受けることはありません。最高階級に進んで、最高の要職につかれたキリスト教徒自衛官は何人もおられます」というが、しかし、自衛官であるということから「教会内で知的なな(ママ)ぶりものにされたという経験」があったという[54]。また、コルネリオ会創設時からの古い会員の一人も、「一部の教会では自衛隊さんは歓迎しないという雰囲気があることは否定できない」[55]と述べている。

こうした傾向は九〇年代に入ってからも続いたようで、反自衛隊の問題は九一年の『ニュースレター』No. 63でも取り上げられている。教会関連の集まりに出席し、自分が自衛官だとわかると偏見や先入観に満ちた詰問を受けることが多く、「自衛隊は天皇の軍隊だ」「自衛隊と靖国神社との結びつきをどう考えるか」といった話題になりがちであるという。しかしその記事の投稿者は、そうした論争に陥るのは良くないとも述べている。彼は、新約聖書の「テモテへの手紙二」二章二三節「愚かで無知な議論を避けなさい。あなたも知っているとおり、そのような議論は争いのもとになります」や、「テトスへの手紙」三章九節「愚かな議論、系図の詮索、争い、律法についての議論を避けなさい。それは無益で、むなしいものだからです」などの聖書の箇所を紹介した上で、「テモテへの手紙一」四章一二節「言葉、行動、愛、信仰、純潔の点で、信じる人々の模範となりなさい」という言葉を想起すべきであるとしている。教会のなかで不快な思いをしてきた会員は少なくないが、むしろそうした場を通ってきたことで、自衛官キリスト教徒の信仰は強くなったのだとも述べられている。[56]

自衛隊のなかでキリスト教徒であるがゆえに不利な処遇を受けることはほぼ皆無であるが、反体制運動の一員であるかのように警戒の目で見られたという経験もまったくないというわけではないようだ。[57]だが彼らは同時に、すべての人を受け入れるといっている教会のなかで、自衛官であることが疑問視されるという、まさに板挟みの状態にもおかれていたのである。『ニュースレター』には、「コルネリオ会は、今後とも、忍耐強くあらねばならぬと思います」[58]とも書かれている。

教会のこうした傾向は、決して日本の特定の地域だけのものではなかったと思われる。というのも、自衛官は北海道から沖縄まで全国各地におり、階級や職種によっては転勤も多いので、一人が全国のさまざまな教会での生活を経験していることが多いからである。ある会員は、これまでの自衛官生活のなかで関わってきた全国各地の教会を一四も挙げている[59]。

とはいえ、もちろん日本中のすべての教会や聖職者たちがコルネリオ会や自衛官に無理解だったわけではない。そもそもコルネリオ会の発会式は都内の教会で行われたのであったし、この『ニュースレター』には牧師からの励ましの手紙などが掲載されることもある。自衛隊に十分な理解を持って接してくれる教会や聖職者も決して少なくはない。元軍人との交わりも多いある牧師は、「軍人の皆様は、やはり理屈よりも実際の体験を語っておられるので、心を動かされるものがあります」といい、「たとえ軍人が必要のない世界になっても、偽りのない、真実の軍人精神は人類に必要な『地の塩』として本当に必要なものと信じます」とも述べている[60]。

日本基督教団は、一九六七年に当時の総会議長鈴木正久の名前で「第二次世界大戦における日本基督教団の責任についての告白」を公表した。いわゆる「戦責告白」である。これは戦争責任を教団として謝罪することの意味について、また国策による教会の合同の意味を神学的にどう理解すべきかなど、さまざまな点から論争の種となったが、戦争の過ちを繰り返さず、平和を希求する宣言として極めて重要な意味を持つものであった。当時すでに一般社会の自衛隊に対する理解は十分でなかったが、七〇年代以降も自衛官キリスト教徒に対する教会や聖職者の視線が不寛容で冷淡なものになりがちであったのは、この時期に改めて「戦責告白」がなされたことの影響も大きかったと推測される。

７　牧師たちとの葛藤

では次に、牧師たちとの具体的な論争を見てみよう。

一九七一年に、コルネリオ会の会員で陸上自衛隊幹部の矢田部稔が、教会関係紙『こころの友』に「ある三等陸佐の願い」というエッセーを投稿したことがある。それを巡ってなされた読者の牧師と編集部との間でなされたやりとりを、一例として挙げたい。

この矢田部の「ある三等陸佐の願い」は、タイトルの通り彼が三等陸佐（少佐に相当）のキリスト教徒という肩書で、青年時代におけるキリスト教との出会いや受洗への過程を綴ったものであった。いわば信仰についての簡単なライフヒストリーである。彼は高校を卒業した後防衛大学校に入学したが、父親を亡くし生活が楽ではなかった彼にとって、当時は進学先といえば学費のかからないそこしか考えられなかったのである。そして彼は在学中にキリスト教と出会い、教会に通うようになり、三年生のときに受洗している。矢田部にとっては、自衛隊、防衛大学校こそが、キリスト教と出会った運命の場所だったのである。

このエッセーは彼の「願い」として次のように締めくくられている。「私の願いは、重要でかつ困難な職務を担任する自衛官が信仰によって強められることであり、またミス・フィンチのように、あるいは明治の終りごろミセス・テーラーが警察官に伝道したそうですが、そのように制服を着た人間の魂を求める伝道者をも日本の教会が生み出していただきたいということであります」[61]。これは極めて個人的で素朴な、信仰者としての彼の思いに他ならなかった。

ところが、読者の一人である美祢教会牧師の岩本二郎は、このエッセーに対して非常に強い不快感を示した。岩本牧師は記事を投稿した矢田部に対してではなく、それを掲載した編集部に対する批判として『教団新報』三六八三号に「軍国主義化の波はここまで来たか、と肌寒いものすら覚えた」と書いた。矢田部のこのような記事を『こころの友』紙に掲載したことは、「平和への努力を傾けてきた教団と教会の動きに逆行するもの」だと激しく攻撃したのである。[62]

『こころの友』編集部の石井錦一はそれに対してはじめは、「制服の中で、自分の人生の苦悩を背負っている人たちとも、具体的に連帯すべきであると考えています」と返答している。[63]しかし岩本はその後も批判の手を緩めず、投稿を繰り返し、口調もますます激しくなっていった。彼は次のように書いた。「護憲を公にした教団や教会が、違憲性の明らかな自衛隊の提灯持ちをしている『友』〔『こころの友』紙のこと〕を配布するのは、まるでマンガではあるまいか。戦時中は軍部に協力し、戦後は平和憲法擁護を叫び、形勢非とみるや、キリスト教は自衛隊の精神的支柱になりますと、どの面さげて言えるのであろうか」。[64]そしてさらには、「人殺しや侵略を生業とする自衛隊員は、実存的、社会的罪のただ中にある」とまでいい切り、「自衛隊と連帯するよりも、拒絶こそ、教団にふさわしいのである」と結んでいる。[65]

それからさらに数回繰り返された岩本の投稿によれば、矢田部の記事を掲載しそれを黙認することは、戦後のキリスト教会が説き、また教団総会が決議した護憲声明の否定につながるという。岩本は矢田部の「ある三等陸佐の願い」の主旨を、「自衛隊に対する何の反省もなしに、自衛隊を支持するようなキリスト教の伝道をして欲しい、という内容」[66]だと解釈し、自らの問題はあくまで「倫理問題」なのだとして、「三等陸佐の悩みは私的なものではなく、公的なものであり、それと連帯すると言われることは、自衛隊を支持することになる」[67]というのである。そして岩本はさらに、自分はあの記事を掲載した『ころの友』紙を書店に返却したといい、一部の教会ではそれを廃棄したり、焼却したりした例も数多く知っている、とまでつけ加えている。[68]

岩本の一連の主張は、確かに彼の平和を願う気持ちに由来するものではあろう。しかしここには、彼の誤読、あるいは問題の誇張があるようにも思われる。というのも、発端となった矢田部のエッセー「ある三等陸佐の願い」は、実際には岩本の解釈とは異なり、決して教団に自衛隊という組織そのものの支持を訴える内容のものではないからである。矢田部は「ミス・フィンチのように……制服を着た人間の魂を求める伝道者をも日本の教会が生み出していただきたい」といっているように、ただ素朴に自衛官という特殊な立場を理解してくれる信仰上の導き手を求めているに過ぎない。フィンチは軍人伝道に生涯を捧げたが、それは日本軍という軍事組織を支持したのでもなければ、日清・日露戦争や第一次世界大戦を肯定したわけでもない。彼女はただ素朴に、軍隊という特殊な組織のなかで生活している人々とその家族を理解し、彼らのために伝道したのである。それから数十年後に、自衛官キリスト教徒の一人が再びフィンチのような人物を求めるということは、むしろ謙虚な信仰者の姿だというべきであろう。

岩本は「三等陸佐の願いは私的なものではなく、公的なものであり……」というが、矢田部のエッセーは、防衛大学校時代におけるキリスト教との出会いや、それ以後の自らの信仰に対する姿勢についてただ素朴に綴られたものに他ならず、いかなる意味においても公的なものとはいい難い。

ところで実は、矢田部は、恐らく日本で初めて従軍チャプレン制度に関する研究論文を発表した人物でもある。彼は陸上自衛隊幹部学校指揮幕僚課程に在学していたときに、「戦場における士気について―宗教要員の活動が士気に及ぼす影響―」という論文を書き、それは一九六九年の『幹部学校記事』に掲載された。これは世界各国の従軍チャプレン制度を比較した優れた研究となっている。[69]「ある三等陸佐の願い」が書かれたのは、その論文の二年後に当たる。したがって、恐らく矢田部は、諸外国の従軍チャプレン制度を念頭におきながら、また、日本陸海軍人の伝道に一生を捧げたミス・フィンチらの姿を思い浮かべながら、このエッセーを書いたのであろう。

自らの信仰を「神様につかまった」と表現する矢田部は、たまたまその職業が自衛官だったに過ぎない。もちろん二〇代のころ、最終的に進路を決定する時期に、いささかの迷いもなかったというわけではないようだ。しかし彼は、聖書のなかのパウロの言葉、「召されたままの状態にとどまっているべきである」、「ユダヤ人を得るためにユダヤ人のようになった」などから、勇気を持って自衛官として生きる道を選んだのである。「使徒言行録」に登場する百人隊長コルネリウスの信仰も、彼を勇気づけた。

他国には従軍チャプレン制度が当然のものとして存在することを知っていた矢田部のことを考えるなら、第二のフィンチを求める彼の口調は、むしろ非常に控えめなものだったといっても良い。

そんな矢田部の素朴な「願い」に対して向けられた岩本牧師の反応は、必要以上に苛烈であったといわざるを得ない。岩本の平和を大切に思う姿勢そのものは理解できるにしても、しかし「人殺しや侵略を生業とする自衛隊員」などという発言はあまりに無神経であり、事実認識としても屈折しているように感じられる。消防隊員が火災や事故の発生を待ち望んでいるわけではないように、また医師が他人の病気や怪我を自らの知識と技術を活用させられる機会として喜ぶわけではないように、自衛官も武力衝突を欲しているわけではない。

自衛官とキリスト教が相容れないというならば、民間人として自衛隊の装備品を製造する会社に勤務している社員、さらにその会社に部品や原材料を提供している会社の社員、あるいは基地がある街で経営を成り立たせている商店や飲食店の人々も、戦争・軍事に協力しまたは利用しているとして、教会は「拒絶」の対象とせねばならないのだろうか。自衛官の夫を支えその収入で生活している妻や子供たちはどうなのか。この社会の一員として生活する限り、戦争や軍事への関わりは、結局どこまで直接的、間接的、無関係と捉えるかという、感覚の問題でしかない。そもそも、戦争をやるかやらないかを決めるのは自衛官ではない。政治家ではないのだろうか。そしてその政治家を決めるのは、国民の全員である。岩本牧師の自衛官に対する考え方は、その是非はともかく、後の章で論じる内村鑑三の軍人理解とは対極にあるといってよい。

また、岩本が矢田部に対する批判としてではなく、編集部への批判としてこの議論をはじめ、当の矢田部を蚊帳の外におこうとしたことにも疑問が残る。記事が問題であるならば、批判対象はあくまでその執筆者とするのが普通である。しかしそうすると、記事の内容からして議論はどうしても矢田部個人への攻撃にしかなりようがない。記事はあくまで一人の自衛官の信仰告白でしかないからだ。しかし岩本はどうにかこれを社会問題として扱い、自らが護憲と自衛隊批判を主張するための機会として利用したかったがために、批判の矛先を矢田部個人にではなく無理矢理編集部に向けたようにも見えてしまう。そしてその戦略はある程度成功し、結局最後には編集部の石井錦一に、紙面で「記事が適切であったかどうかについては、反省しています」といわせ、事実上の謝罪をさせている[70]。

結果としてこの論争により、自衛官キリスト教徒たちは大いに失望させられたのみならず、以後自衛官が教会関係紙に記事を投稿したりそれを掲載することはタブー視されるような、奇妙な雰囲気が作り出されることになった。

こうした論争のあった二年後の一九七三年に、立川市で同市内へ移駐してきた自衛隊員六五名の住民登録が理由もなく留保されたため、市長が職権濫用で告発されるという事件があった。いわゆる自衛隊員住民登録拒否事件である。これは明らかに違法であり、偏見に基づく人権侵害であった。事件は立川市が住民登録を再開し、自衛隊側も処罰を求めなかったことから起訴猶予処分となった。だが、コルネリオ会の会員の一人は『ニュースレター』に「すべてが解決した現在でも、何かしら釈然としないものを感じる」と投稿している。[71] というのも、実は問題になったこの立川市長の阿部行蔵は、歴史学者だが牧師でもあり、かつてはその『ニュースレター』への投稿者が学生時代に属していた大学ＹＭＣＡの指導教師でもあったからである。[72]

自衛官キリスト教徒と一般のキリスト教会および牧師たちとの間で起きた残念な衝突を、もう一つ挙げよう。出来事としては非常に小さなものではあるが、しかしこれも当時の自衛官のおかれていた状況を象徴的に表すものである。

一九八二年に大磯アカデミーハウスで、日本基督教団牧師の研修会が開かれた。その帰路で約二〇名の牧師が横須賀を訪れ、米海軍基地や海上自衛隊基地を見学し、さらに防衛大学校への訪問を希望した。防衛大学校で牧師たちは紹介用映画を鑑賞し、教室、学生舎、運動場などを見学した。またその後、キリスト教徒の学生三名が呼ばれ、彼らとの温かい懇談の場も設けられたのだった。そして数ヶ月後、そうした訪問のあったことがコルネリオ会の『ニュースレター』（No. 34）で紹介された。その記事を書いたのは防衛大教授の今村和男であり、彼がそのときの案内役をつとめたのである。その文章は極めて簡単なもので、見学と訪問があったという事実が述べられたうえで、最後の結びは、「牧師の先生方を、しかも全日本にまたがる各教区から、二〇名もの方々を防大にお迎えし、しかも本当に熱心に見学をしていただいたことを、私共は心から先生方に感謝申し上げるとともに、主の御導きに無限の感謝を捧げる次第である」[73]というものであった。

ところが、それから一年ものときが過ぎてから、突然『教団新報』四〇二八号に、日本基督教団牧会者共同研修委員会委員長・森野善右衛門の名で「コルネリオ会の皆様へ」と題する文章が掲載された。そのなかで森野は、一年も前のコルネリオ会『ニュースレター』におけるその報告記事を指して、「これでは私たちが基地拡大強化と自衛隊の存在に賛意を評したような印象を与えかねない」と述べ、抗議と弁明を行ったのである。

森野は次のように続けている。「この訪問は、基地の実態にふれ、そこで見聞きしたことを素材として、『右傾化の時代』に深い憂慮の念を持つ私たちが、牧会者としての課題をとらえて、学びを深めることを意図してのことで、コルネリオ会の皆様との友好を深めるためのものではなかったことを明確にさせていただきます」。そして、「この基地見学を通して私たちは、日米軍事同盟化の進展しつつある様をこの目で見て、日本の右傾化・軍事化の方向に非常に危険なものを感じました。また自衛隊は本当に日本国民の安全と生命を守るためにあるかどうか疑わしくなりました」と書いたのである。[74]

このあまりにも露骨に手のひらを返した態度に、コルネリオ会も反論しないわけにはいかなかった。その反論もまた矢田部稔によって書かれ、『教団新報』四〇三二号に掲載された。まず矢田部によれば、各教区の牧師が来訪し、キリスト教徒の学生と温かい雰囲気のなかで懇談し、かつ参加者の一人からは後に丁重な礼状までいただいたのだから、その『ニュースレター』での報告文を「主に感謝する」と結ぶのはまったく自然であるという。

また、森野は日米軍事同盟への危機感や自衛隊の存在への疑問を述べているが、その是非はともかく、それらのことは基地見学に関係なく以前から考えられていたことであろうし、今回のごく短時間の訪問によって初めて発見し深められた見識だと公言するのはいかにも牽強付会である、と指摘する。そして、そもそもこのたびの見学は防衛大の側からお願いしたのではない、むしろ相手側から特別の要望があったため、通常は土曜の午後の見学は受けていないにもかかわらず、特別の許可を取って案内をしたものだという。つまりコルネリオ会からすれば、牧師たちは自らの意志で訪問し、学生たちとも楽しく懇談して、礼状まで送っておきながら、後になって周りから自衛隊の立場に与するものと見られるのは具合が悪いとなると、一年以上経ってからでもわざわざ悪口を声高に叫び保身を図っているというようにしか見えないわけである。

何もコルネリオ会は、日米同盟や自衛隊の存在について牧師たちに支持を求めたわけではない。ただ素朴に、厳しい防衛の任務に携わっている者のなかにも同じキリスト教徒がいることを理解して欲しかっただけである。見学や訪問への対応は一人のキリスト教徒として、人間として、極めて自然な振る舞いに過ぎなかった。ところが日本基督教団側は、後になってから、自らが希望して行った訪問を、「皆様との友好を深めるためのものではなかった」といい、人としての素朴な交わりさえをも否定する言葉を公にしたのである。この「コルネリオ会の皆様へ」という文章は、見学者を案内し、急な訪問にも対応した自衛官キリスト教徒たちの目には、あまりにも冷淡なものに映ったであろう。

とりわけ一九六〇年代後半から七〇年代にかけては、自衛隊に対する社会の目は異様に冷たいものであった。例えば、防衛庁（当時）では職務上の必要から、自衛隊員を国内の大学や大学院等で研修をさせることがある。しかし受験の際に大学側からその辞退を求められたり、願書が返送されたりするといった事例も頻発していた。

すべての人々を受け入れる、などと口ではいう教会や聖職者たちによる自衛官キリスト教徒に対する態度は、こうした当時の社会的雰囲気のなかで、結局はキリスト教徒以外のそれとさほど異なるものではなかったようにも思われる。

8　自衛官とキリスト教

すでに述べたように、コルネリオ会は、ＡＭＣＦ東アジア大会を日本でこれまですでに四回開催している。二〇一〇年の大会では、当時日本基督教団総会議長で青山学院院長の山北宣久牧師も聖書講演を行った。

山北牧師はこの東アジア大会へ取材にやってきた『キリスト新聞』の記者に次のように語っている。「反基地運動などから、日基教団内には自衛隊反対の人がいるが、宣教の多様性のために位置づけることが必要だと思う。自衛官だけがダメ、というのは偏見」[75]。この『キリスト新聞』は、新聞名の両脇に

「平和憲法を護れ」「再軍備絶対反対」という標語を掲げているが、それでも自衛隊のコルネリオ会およびAMCFの大会を十分中立的に報道した。同じ紙面で、山北の「イエス・キリストは、私たちのために涙を流し、汗を流し、そして血を流した〝三流〟の人。AMCFの方々は、命をかけて他人を守り、血も流す方々でもある」というユーモアを交えた言葉も紹介している。山北はすでにこの四年前にも、自衛隊宣教会の年次大会に説教者として参加している。そのときには彼は、「教団議長がこの会に出る事は、ある人達からは自殺行為だと言われました」、しかし日本基督教団はすべての人に救いをもたらす責任があるのだから、「私はやりますよ、そういう中にあって」[76]とも述べている。

一九九〇年代からの自衛隊のPKOへの参加や災害派遣は、国民の自衛隊イメージを次第にポジティブなものにしていった。教会や一般信者たちの自衛官キリスト教徒に対する見方も、七〇年代や八〇年代までとくらべて大きく変化してきたといって良い。特に一九九五年の阪神淡路大震災、そして二〇一一年の東日本大震災で、自衛隊が人命救助、遺体収容、物資輸送などに極めて大きな働きをしたことは、一般国民の自衛隊に対する眼差しを大きく変えた。

だが、結局キリスト教界や聖職者の自衛隊に対する認識は、キリスト教信仰に基づいて一貫しているというよりも、単純にその時代やその社会の一般的な見方を反映しているだけのようにも感じられる。小川原正道は近代日本の宗教者について、「戦争を遂行する国家に直面し、行動した宗教者たちの多くを支えていたのは、自らの存在意義や正当性の確保・維持、教勢拡大への意欲や、国家的危機に対処する義務感、そして明治国家の脆弱性に対する認識であった」[77]と分析している。教会も聖職者も所詮はこの世の存在である以上、社会的現実と無関係ではいられない。アウグスティヌスが正戦論を主張したのも、ルターが農民蜂起の武力鎮圧を奨励したのも、確かに神学的思索から導き出された結論ではあるが、やはりある程度は、それぞれ当時の社会的現実と自らの神学との相関のなかで紡ぎ出されたものだと見るべきであろう。だが日本のキリスト教徒たちの軍人や自衛官に対する見方は、そうした先人たちよりもはるかに、時代の空気に左右される傾向が強かったように感じられる。

これまで日本のキリスト教界は、自衛官も一人の人間として信仰上の指導や支えを求めているということについて、十分に目を向けてきたとはいい難い。前章で見てきた原爆投下の際の従軍チャプレンの祈りなどを見れば、「軍人と信仰」の問題に関しては議論されるべき課題があるのは確かである。日本の牧師たちの戦争協力についての反省も必要であろう。だがその一方で、国防のみならず、災害派遣や平和維持活動など、困難でデリケートな任務をもまかされる軍人や自衛官のなかにこそ、良き宗教者がいなければいけないという見方もあるように思われる。

1　O・ケーリ著『日本プロテスタント宣教史　最初の五〇年（一八五九–一九〇九年）』（江尻弘訳、教文館、二〇一

〇年）三三一頁、および四〇八頁以下を参照。

2　日清・日露戦争時のキリスト教界の動きに関しては、小川原正道『近代日本の戦争と宗教』（講談社、二〇一〇年）などを参照。第二次世界大戦時に関しても多くの研究があるが、例えば次の文献は聖公会の立教学院の動向について取り上げ、多角的に論じている。老川慶喜、前田一男編著『ミッションスクールと戦争―立教学院のディレンマ―』（東信堂、二〇〇八年）。

3　峯崎康忠『軍人伝道に関する研究―日本OCUの源流―』（ヨルダン社、一九八〇年）。

4　当時の彼は稲葉曠二という名であったが、一八九七年に佐藤広吉と改名した。その後、一九〇八年に黒田家の養子となり、黒田惟信と改名した。

5　峯崎康忠、前掲書、一二頁。

6　堤健男『クリスチャン海軍生徒―海軍機関学校と日本陸海軍人伝道義会―』（私家版、一九八七年）四二頁。

7　同書、四七頁。

8　『キリスト新聞』一九九九年九月四日。

9　堤健男、前掲書、五〇頁。

10　峯崎康忠、前掲書、四頁。

11　同書、四-五頁。

12　鈴木範久『明治宗教思潮の研究―宗教学事始―』（東京大学出版会、一九七九年）一五〇-一五一頁。小川原正道、前掲書、一一五-一二二頁。

13　小川原正道、前掲書、一二〇頁。

14 同書、一七七頁。
15 峯崎康忠、前掲書、三九頁以下を参照。
16 同書、四五頁。
17 同書、四〇頁。
18 同書、五八―五九頁。
19 同書、六〇頁。
20 同書、六二頁。
21 同書、七九頁。
22 同書、八〇頁。
23 同書、八〇―八一頁。
24 同書、八一頁。
25 利岡は何冊かの著作も残している。『基督教秘話志士・横川省三の信仰』（コルネリオ社、一九三一年）、『真人・横川省三伝』（コルネリオ社、一九三五年）。さらに『新約聖書に表はれし軍人』（コルネリオ社、一九三五年）もある。この本を通して利岡は、軍人が救われずして日本は救われないし、宗教的律法的社会でない軍人社会こそ、むしろ信仰によって義とされる社会として最もふさわしいと、説いた。また『日支事変下の軍人基督者』（コルネリオ社、一九三八年）、そして歌集の『戦争と平和』（一粒社、一九五〇年）もある。
26 『キリスト教年鑑』（キリスト新聞社、二〇一一年）による。
27 峯崎康忠、前掲書、八六頁。

28 同書、一〇二頁。
29 『ニュースレター』（一九九二年 No. 65）。
30 同（一九七〇年 No. 1）。
31 同（一九八三年 No. 39）。
32 同（一九八三年 No. 38）。
33 同（一九九二年 No. 66）。
34 旧海軍士官等の親睦団体「水交社」を前身とする組織。現在は「水交会」として公益財団法人になっており、海洋安全保障に関する調査研究や政策提言に取り組み、また海上自衛隊の諸活動への協力支援、先人の慰霊顕彰、国内外の友好団体等との交流などを行っている。
35 『ニュースレター』（一九九一年 No. 62）。
36 同（一九九一年 No. 63）。
37 同（発行年不明 No. 100）。
38 同（一九九一年 No. 63）。
39 同（一九七二年 No. 7）。
40 同（一九七一年 No. 4）。
41 同（一九七七年 No. 18）。
42 同（一九八六年 No. 49）。
43 同（一九八六年 No. 49）。

44　同（二〇〇七年 No. 116）。

45　同（一九七六年 No. 17、一九七八年 No. 22）。

46　同（一九七四年 No. 13）。

47　同（一九九七年 No. 83）。

48　同（二〇〇四年 No. 104）。

49　同（二〇〇四年 No. 104）。

50　同（二〇〇五年 No. 110）。

51　同（一九九六年 No. 80）。

52　同（一九九二年 No. 66）。

53　同（一九七〇年 No. 2）。

54　同（一九七五年 No. 14）。

55　同（一九七三年 No. 10）。

56　同（一九九一年 No. 63）。

57　同（一九九二年 No. 65）。

58　同（一九九七年 No. 83）。

59　同（一九七七年 No. 20）。

60　同（一九七二年 No. 7）。

61　矢田部稔「ある三等陸佐の願い」（『こころの友』一九七一年、第一五三一号）。

62 岩本二郎「『こころの友』にたずねる」（『教団新報』一九七一年 No. 3683）。
63 石井錦一「『こころの友』編集部から」（『教団新報』一九七一年 No. 3683）。
64 岩本二郎「連帯よりも拒絶を」（『教団新報』一九七二年 No. 3687）。
65 同紙。
66 岩本二郎と相沢良一の対談（『教団新報』一九七三年 No. 3757）。
67 岩本二郎「問題をそらさないで！」（『教団新報』一九七二年 No. 3710）。
68 同紙。
69 矢田部稔「戦場における士気について—宗教要員の活動が士気に及ぼす影響—」＃12CGS 兵学研究論文要約（『幹部学校記事』一九六九年八月）四一-五四頁。
70 石井錦一「人との連帯を」（『教団新報』一九七二年 No. 3701）。
71 『ニュースレター』（一九七四年 No. 11 ）。
72 同（一九七四年 No. 11）。
73 同（一九八二年 No. 34）。
74 森野善右衛門「コルネリオ会の皆様へ」（『教団新報』一九八三年 No. 4028）。
75 『キリスト新聞』（二〇一〇年一〇月九日）。
76 『ニュースレター』（二〇〇七年 No. 114）。
77 小川原正道、前掲書、一九〇頁。また一一五頁以下を参照。

第3章　軍人にとっての戦争と信仰

――非戦論と軍人へのシンパシー（内村鑑三の軍人観）――

イエスは平和の君であるが、その部下として忠実なる軍人を求めたもう。そして軍人が福音の戦士と化せし時に、最も有力なる平和の使者となるのである。

内村鑑三「軍人の信仰」[1]

1　内村鑑三の戦争観

「はじめに」でも述べたように、軍人と信仰との関係をどう考えるか、という議論は、キリスト教において大変古くからなされてきたものである。キリスト教がローマの国教になる以前からさまざまに考察され、アウグスティヌスやマルチン・ルター、そして二一世紀の神学者たちも、その問題について論じている。

そこで、ここでは、日本のキリスト教徒として最も有名な人物であり、また平和主義者の一人としても知られる内村鑑三の考えに目を向けてみたい。内村の「軍人」に関する思想や言動は、前章で見てきた日本の自衛官キリスト教徒の問題を再考するうえでも、多くを示唆してくれるものだと思われるからである。

内村鑑三の「非戦論」は、すでに多くの人々がご存知であろう。彼は日清戦争は義戦として肯定したものの、それ以後は戦争に全面的に反対し、最後まで非戦論を唱え続けた。その一連の議論の詳細については批判的分析もあるものの、基本的には、日本におけるキリスト教的平和論の嚆矢として高く評価されている。だが同時に内村は、非戦論への転向後も、「軍人」そのものについては必ずしも否定的ではなく、むしろ彼らを肯定的に評価する発言も多く残しているのである。管見の限り、これまでの内村の非戦論に関する研究において、そうした面に注目されることは少なかったようである。[2] 内村の軍人観に目を向けてみることは、彼自身の非戦論を再考するうえでも、また現代の私たちが戦争や平和について考えてみるうえでも、重要な糸口になるものだと思われる。

以下では、まず内村の非戦論の要点を確認する。その次に彼の実生活における軍人との交流などについて見たうえで、軍人という職業および軍人と信仰の関係についてどのように考えられていたのかを整理、分析していくことにしたい。

内村が戦争について論じる際のまず一つ目の角度は、現実的ないし合理的な次元から戦争廃止の必然を主張するものである。そしてもう一つは、信仰的次元、特にキリスト再臨信仰に基づいて戦争への反対を唱えるものである。前者から見ていこう。

日清戦争直後から公にされ始めた内村の初期の非戦論は、キリスト教信仰を根底におきつつも、どちらかといえば人間の努力や道徳性、あるいは文明の進歩という点から戦争廃止の必然を主張することに重点が置かれたものであった。例えば内村は、自分はいかなる理由をもってしても戦争を非とするのだと強調しているが、その理由を「戦争という手段によって、目的という目的は達せられた例がない」[3]からだとしている。彼は次のように述べている。


日清戦争の結果は何ものをもたらしたか。日露戦争は何を生んだか。与えようとした独立は朝鮮に与えられなかった。東洋の局面は一層錯雑して来た。つまり戦争によってはいかなる目的も達せられぬということを、過去二十年の歴史が教える。[4]

クラウゼヴィッツが『戦争論』のなかで、「戦争とは、異なる手段をもってする政治の延長に他ならない」と述べたのは有名である。毛沢東も「政治とは流血をともなわない戦争であり、戦争とは流血をともなう政治である」と述べた。内村も当初はこれらに近い、何らかの目的達成のための手段として戦争を捉える見方を持っていたようである。戦争とは、望ましい社会の状態を構築するためのやむを得ない手段である、という認識が前提としてあったからこそ、彼は日清戦争を支持した。そしてその結果を目にした後に、実際の戦争においては意図していた目的は達成されないということに失望したのである。「戦争は人を殺すことである。そうして人を殺すことは大罪悪である。そうして大罪悪を犯して、個人も国家も永久に利益を収め得ようはずはない」[5]という発言も、ここでは素朴にヒューマニズムや道徳的な観点からのものであるように思われる。

確かに道徳的観点から戦争を否定することそれ自体は間違いではない。しかしこれまで多くの戦いは、平和のため、正義のため、愛する国や民族や仲間を守るため、などと称して、あるいはそう信じて、行われてきた。広い意味での人間的道徳は、皮肉にも、戦争廃絶よりむしろ戦争の正当化に利用されてきたというのが現実であろう。だが内村は一九〇四年には、戦争は今や道徳問題ではなく実益問題であるとも述べている。

近ごろスペンサー流の哲学者によって唱えられつつあるところを聞きますれば、戦争はその目的のいかに高尚なるにかかわらず、これを達し得るものでない、ゆえに、これをやめるに若（し）かずとのことであります。彼らはすなわち、戦争は不道徳なるのみならず、不要であるゆえに、これをやめるのが第一の知恵であると唱えつつあるのであります。そうしてこの種の学者は今や過去の歴史を探り、その中に彼らの提説の証明を尋ねつつあります。そうしてわたしの見るところによりますれば、彼らのこの提説は、歴史的事実をもって、りっぱに証明されつつあると思います。[6]

内村によれば、人類が進歩するにしたがって戦争の害はますます増し、その益は減じていく。よって戦争には勝っても負けても大きな損害を被るようになり、やがて人々はいやでも戦争をやめるようになるのだという。内村は、「戦争はその代価を償わず、その目的を達せざるに至ります」[7]とも述べている。

だがそもそも戦争は、必ずしも費用対効果だけで開始・遂行されるものではない。戦争研究者のマーティン・ファン・クレフェルトやジョン・キーガンが、文化や伝統、あるいは人間の感情や信念などの側面から戦争と軍事について考察したように、戦争は経済的合理性や政治的論理のみによって貫かれているわけではないし、「代価」や「目的」という点のみで理解できるものではない。「不要だから」「目的を達せられないから」というだけで戦争がなくなると予測するのは、人類の戦争史から見ても現実的ではなく、むしろあまりに楽観的だといわざるを得ない。

『内村鑑三信仰著作全集』などを編集した山本泰次郎は、一連の議論のなかにある内村の非戦論には

「悲哀と矛盾」が伴っていると指摘している。山本のいう「悲哀」とは、人類の進歩と世界の進歩発展によって戦争は必ずなくなるという内村の考えに関してであり、それは山本によれば「人類の実情とも世界の現実とも、全く一致しない見方」で、「非聖書的、非歴史的、非人類的」なのである[8]。そしてさらに山本は、内村が非戦論の実践に当たって知人の青年に戦費となる税金の支払いや徴兵に応じるよう教えたことなどを挙げ、それも「キリストの教えと聖書の教えとに忠実であろうとすれば、非戦論の実践に当たって、このような態度をとらざるを得なくなるのはけだし当然のこと」であるが、ここに「悲哀」に加えて「矛盾」が生まれたのだという[9]。

ところが、およそ第一次世界大戦が始まって少ししてから、こうした「悲哀と矛盾」を持った内村の非戦論は、戦争は人の手によってはやまない、という戦争観へと変わっていく。それがすなわち「キリストの再来によって臨む神の国を信じる平和論」であり、山本はここに、それまでの非戦論に伴っていた「悲哀と矛盾」がようやく解決されたというのである[10]。

内村の非戦論は、およそ一九一四年ごろを境に、キリスト再臨信仰に基づいた、より宗教色の強い非戦論へと変化していく。キリスト再臨信仰に基づいた非戦論で注目すべき点は、非戦を唱えることそれ自体に平和実現の実践的な意味があるとは考えられていない、というところである。例えば内村は次のように述べている。

非戦はすべての場合において唱うべきである。されども戦争は非戦により、やまないのである。われらが非戦を唱うるは、これによって戦争がやまると信ずるからではない。聖書の明白に教うるところに従えば、戦争は人の力によっては、やまるべきものではない。戦争は、世界の世論が非戦に傾いた時にやむのではない。また、かかる時は決して来たらないのである。戦争は神の大能の実現によって、やむのである。戦争廃止は、神がご自身の御手に保留したもう事業である。[11]

内村は、自分や他の人々が非戦を唱えることによって実際に戦争がなくなるとは考えていない。戦争廃止は人間の手によってなされるのではなく、あくまで神の手によってなされることだからである。同様の主張は他にも多く見られる。

平和は来たる。されども人によっては来たらない。神の定めたまいし平和の君によりて来たる。彼が再び世に臨（きた）りたもう時に来たる。彼を待たず、彼をあがめずして、いかなる平和会議も失敗に終わるは明らかである。（中略）民本主義の普及によって、世界改造、人類平和を計るがごとき、迷妄（めいもう）これより大なるはなし。そうして事実は聖書の明示を証明して余りあるのである。民主々義の米国の主唱によりて成りし国際連盟は、世界人類の幸福を増さずして、かえってこれをこぼちつつある。[12]

もはや内村は、人間の手による平和構築の努力は無意味であるとさえ考えているようである。「戦争は、罪のこの世にありては避けがたき悪事であります。これ、人がいくら努力しても、やめることのできないことであります。平和協会をいくつ設けようが、カーネギーのような大慈善家がありて、その億万の富をなげうちて、その廃止を努めようが、戦争は依然としておこなわれます」[13]。内村はこのようにも述べ、戦争の廃止と平和の実現はあくまで神の事業であり、キリストの再臨を待って初めて世に行われるのだとしている。

では、人の手によって平和が実現することがないならば、それにもかかわらず非戦を唱え続けるのはなぜなのだろうか。それに対する内村の回答は明快である。

信者が非戦を唱うるは、現世において非戦のおこなわるべきを予期するからではない。その、神の好みたもうところなるを信ずるからである。（中略）不義はこれを断ち得るも断ち得ざるも、いかなる場合においても反対すべきである。もし廃滅を期するにあらざれば反対すべからずと言うならば、世の罪悪にしてわれらの反対すべきものは一つとしてないのである。信者は、事の成否を見てこれをなさないのである。神の聖意にかなう事はこれをなし、かなわざる事はこれをなさないのである。そうして戦争はすべての罪悪を総括したるものである。罪悪これ戦争なりと言うも、少しも過言でないのである。神を愛する者は、その本能性として戦争をきらうのである。なにも聖書のこの章かの節を引証する必要はないのである。彼の全身全霊は即決的に戦争を排斥するのである。[14]

内村はこれと同じ文章のなかで次のようにも述べている。「やむ、やまないの問題ではない。正か不正かの問題である。義か不義かの問題である。そうして戦争は不正である。不義である。罪悪の絶頂である。ゆえに非戦を唱うるのである」[15]。平和構築に向けて実践的な効果があるから主張するのではなく、それが神の前に正しいから主張するに他ならない。彼によれば、平和会議をいくら重ねても、狼と小羊がともに宿り、豹と仔山羊がともに伏し、雌牛と熊が食物をともにする（旧約聖書「イザヤ書」一一章）ときは来ないだろうという。

第一次世界大戦当時、しばしばそれは、「全ての戦争を終わらせるための戦争」という言い方がなされた。内村はそうした考え方にはもちろん否定的である。だが同時に、人間同士の話し合い（外交）や、また教会の力さえも平和実現には無力であると考えている。「平和は戦争によりて来たらず、外交によりて来たらず、教会によりて来たらず」、「世界の平和はいかにして来たるか。人類の努力によりて来たらず、キリストの再来によりて来たる。神の子再び王として来たる時、人類の理想は実現する」[16]のである。

こうした信仰に基づいた見方は、目の前の具体的な武力衝突だけでなく、この世のありようを象徴的に「戦争」と捉える視点にもつながっている。例えば、「なにも戦争は今日に限りてあるのではありません。神を離れたるこの世はつねに戦争状態においてあるのであります」[17]といった言い方や、「戦争は始まるかも知れない、始まらないかも知れない。しかり、戦争はすでに始まっている。今始まったのではない。カインがアベルを殺した時に始まったのである」[18]という表現などがそれに該当する。ここでいう「戦争」は日露戦争や第一次世界大戦など実際の武力衝突のことではなく、この人間世界につきまとう本来的な罪や悪の象徴的表現である。だがこのような言い方は、現実の戦争が人の力によっては決してやむことがないという認識が信仰的な確信であることを改めて示唆している。

内村は人間の営み、ないしは社会的事象としての戦争の分析からこのような非戦論に至ったというよりは、むしろキリスト再臨信仰を得た結果としてこのような戦争観を持つようになったというべきであろう。したがって、日清戦争直後からの非戦論と後の再臨信仰に基づいた非戦論は、戦争に反対するという点では表向きは共通しているが、その内実において両者の間には断絶がある。ただし内村のなかで二つの見方は、ある時期を境に明確に一方からもう一方へ完全移行したというわけでもない。例えば一九〇八年八月の『聖書之研究』に掲載された「非戦論の原理」などでは、この二種類の主張が混在した議論がなされている。だが大まかには、先に述べたように、第一次世界大戦が始まったころ（一九一四年）からキリスト再臨信仰に基づく非戦論へ重点が移ったと捉えておいて良いであろう。[19]

2　軍人と内村との交流

では次に、このような戦争観、非戦論を念頭に、内村の軍人に対する接し方や考えを見ていくことにしたい。彼は非戦論を唱えるなかで、実生活では軍人たちとしばしば親しい交わりを持っていたのである。

まず挙げられるのは、「陸海軍人伝道義会」との交流である。

前章でも触れたが、簡単に振り返ろう。陸海軍人伝道義会は、軍人への伝道を目的として一八九九年に横須賀に開かれた。設立したのはアメリカ出身の超教派の宣教師エステラ・フィンチと牧師の黒田惟信である。二四歳で来日したフィンチは、伝道活動が思うようにいかず、一度は帰国を考えるようになるが、海軍の街横須賀で生活していた黒田と知り合い、彼の「軍人には軍人の教会が必要である」という考えに賛同し、両者で軍人伝道を行うことになった。

この伝道義会は、「日本帝国陸海軍人並ニソノ家族内ニ福音主義ト基督教ヲ宣布スル」を目的とした。「信仰ヲ告白シ、会ノ目的ヲ賛助スル志アル者」を会員と認め、「外国ニ於ケル団体マタハ日本ニ於ケル宗教団体若クハ営利ヲ目的トスル団体ト法律上何等関係ナシ」とするものであった[20]。フィンチは一九〇九年に日本に帰化し、名前を「星田光代」と改めた。彼女は伝道義会を設立して以来、黒田牧師から日本史について多くを学び、また史跡や御陵をたずね、また俳句にも興味を持ち、書道の腕も見事なものになった。仏教者とも親しく交わり、日本と日本人を非常によく理解したという[21]。内村はこうした星田と大変仲が良かったのである。

内村の星田に対する信頼は非常に厚いもので、星田と内村両者のグループによる会合なども開かれていた。内村の目から見て星田は「理想的宣教師」[22]なのであった。内村が初めて伝道義会を訪れた時期は不明だが、一九〇五年六月一六日にはすでに、彼が親しくしていた軍人に宛てて書いた手紙に星田の名前が見られる[23]。

『内村鑑三信仰著作全集』第二五巻の索引にも「星田光代（ホシダ、ホシダの小母さん、フィンチ）」という項目があり、内村の日記のなかに彼女に関する言及が一四箇所あることが示されている。例えば一九一八年一二月一三日に内村は次のように書いている。

> 昨夜、横須賀伝道義会に来たり、一泊す。ミス・ホシダほか一同、歓待至らざるなし。一年に一回または二回、ここに来たり、相互の信仰によりて、相ともに慰めまた慰めらる。過去一七年間、この歓喜（よろこび）は連続して今日に至った。余にまた余の団体以外に聖き交際（まじわり）のあることを、多くの人は知らないであろう[24]。

その翌年、一九一九年にも内村は星田をたずねており、次のように書いている。

待ち受けし校正刷り来らず、よって横須賀に行き、ホシダの伯母（おば）さんの病気を見舞うた。帰化せる彼女の熱烈なる愛国心（わが日本国に対する）に驚いた。彼女を慰むるよりは、かえって大いに慰められて帰った。米国宣教師中、まれには彼女のごとき潔士、烈婦がある。われら日本人たる者、彼らに対し、深き尊敬と感謝とを表せざるを得ない。[25]

宣教師嫌いとして有名な内村であるが、日記のなかのいずれの箇所においても、彼は星田光代については一貫して肯定的で、彼女のことを「敬うべき主の清き使女」[26]と述べている箇所さえある。星田が亡くなったという知らせを聞いたとき（一九二四年）の日記には、「ホシダの小母さんの永眠を聞いて非常に悲しんだ。日本に帰化せる米国婦人であって、過去数十年間、親しき友誼（ゆうぎ）を交うることができ、益するところ多大であった。彼女は日本を強く愛せし米国人の一人であった」[27]と書いている。

内村と星田との関係を論じた防衛大学校の田中浩司によれば、内村が星田を敬愛した理由は、彼女が教派の拡大などは一切意図せず、ただ日本と日本人を愛し、その宣教が真摯な異文化コミュニケーションのうえに成立していたことに集約されるという。[28]また堤健男によれば、フィンチはもともと超教派の宣教師であり、伝道義会は普通の教会とはやや趣を異にして、「日本武士道的キリスト教主義の聖書研究会」であったともいわれている。[29]この伝道義会の建物には柔剣道場も設けられており、武道が奨励されていたことも大きな特徴であった。そうした点も「武士道」にキリスト教を接ぎ木しようとした内村の考えに合致するものであったかもしれない。ただしこうした彼女の傾向は、内村の影響でそうなったというのではなく、それ以前に、星田本人の資質に加え、ともに伝道義会を設立し運営していた黒田牧師の影響も大きかったようである。

いずれにしても、もし内村が戦争に反対するあまり、軍人という存在そのものを「平和の敵」として全否定する立場を取っていたとしたならば、陸海軍人伝道義会に集う軍人たち、および彼らを指導していた宣教師たちと親しい関係を築くことなどあり得なかったはずであろう。

また内村は、この伝道義会に来ている軍人のなかに、宗教界や文学者のなかには見られないような優れた人物が多くいることに驚いてもいる[30]。そして同時に、こうした有為の人物が争闘事業（戦争）に集中して、平和の事業が「くず」の手に託されることは残念であるといい、これが「国をほろぼすもと」であろうかとも述べている。それだけ伝道義会の軍人たちを高く評価していたのである。この伝道義会は横須賀にあったため、集まっていた者は海軍機関学校の生徒が多かった。つまり職業軍人であり、徴兵された一般市民ではない。

さらに別の日記にも軍人との交流や軍人の信仰に関する記述をいくつか見ることができる。一九一九年六月には内村のもとに海軍の清川・高橋両大佐が訪問し、互いに多くを語り合ったという記述が残されている。そこでは次のように述べられている。

国に陸海軍の必要ある以上（そうして罪のこの世の続くかぎり、その全廃せらるる時の来たるを考えることができない）、その真（まこと）の信仰によって潔（きよ）めらるるの必要あるは言うまでもない。信仰の、陸海軍に必要なるは、政治、実業その他の業務において必要なると、少しも異ならない[31]。

内村は、陸海軍という組織にも信仰が必要だと明言している。戦争は否定されるべきだが、現実問題として軍隊・軍人が存在している以上、それが信仰によって清められる必要があるのは「言うまでもない」のである。軍人が戦闘の主体であるからといって、軍人が信仰を持つことがおかしいといった発想は、彼にはまったくないのである。

二〇一一年三月の東日本大震災では、自衛官約一〇万名が被災地に派遣されたが、一九二三年九月の関東大震災のときも多くの陸軍兵士が対応に当たった。その大震災のとき、内村は今井館聖書講堂を、警衛のために上京した仙台第二師団第二九連隊の小隊の営所として提供している。それについて彼は「この際、最も適当の使用法と信じて、うれしかった。平和の福音を説く所に銃剣の戞々（かっかつ）たる音を聞くは、今度が初めてである[32]」と述べている。

そしてこの陸軍兵士たちは約半月ほど今井館に滞在して同月の二二日に去ったが、そのときの日記には次のように書いている。

彼らに対し、厚き感謝なきあたわずである。民に平安を与うるための軍隊であると思えば、敬せざるべからず、愛せざるべからずである。われらの、彼らを犒（ねぎら）うの、はなはだ薄かりしを憾（うら）む。[33]

さらにその五年後の一九二八年にも、内村は自宅に陸軍兵士たちを宿泊させている。観兵式参加のために上京した第一師団の重砲兵五名を引き受けることになったのである。「全家挙（こぞ）って彼らを歓迎することに成り、はなはだ愉快である。武士の家に武士を迎うるのであって、こんな楽しいことはない」、「花は桜、人は武士、非戦論は別として、武士相見互（あいみたが）いの情は実にうるわしいものである」[34]と日記には書かれている。

約一週間後に彼らは帰隊したが、その日に内村は次のように記している。

一週間わが家に宿泊せし重砲連隊付き兵士五人、今日引き上げて帰隊し、家は急に寂しくなった。彼らはいずれも静粛なる愛すべき青年であった。日本陸軍の誇りとするに足る兵士であった。かかる人たちをわが家に迎うるを得て大なる喜びであった。[35]

ここで内村はさらに「われらは軍人と成るべきであった。宗教家として牧師、神学者らに批評せらるとは、なんと災いなることであろう。日本武士が最もきらう者は寺院と教会、坊主と牧師である」[36]とまで付け加えているのもユーモラスに感じられる。

以上のように、内村は軍人に対しては敵対的であるどころか、むしろ実に温かく接していたのである。そして忘れてはならないのは、このように陸海軍人伝道義会と交わり、星田と親密な関係を持ち、また個人的にも多くの軍人を自宅にまで受け入れて彼らとの交流を楽しんでいたのは、非戦論を唱えていた時期とまったく合致しているということである。

3 「最も善き戦士」としての非戦論者

では次に、内村による軍人への具体的な言及について見ていきたい。

ロシアとの戦いが始まっていた一九〇四年二月二一日、当時軍艦「葛城」で任務についていた太田十三男宛てに、内村は次のような手紙を書いている。この太田十三男は内村に「長い間の信仰の友」[37]といわれている陸海軍人伝道義会のメンバーで、一九二五年には階級は大佐、第二艦隊機関総長にもなった人物である。

戦争は悪事なるに相違なければども、今の罪悪の社会に在ては避くべからざること乎とも存候。此時に方て、我等は可成く静粛にして、且つ謹慎なる態度を取り、尽すべき職務を忠実に取り、余は之を神意に任かすべきことと存候。
楽しき国は彼所にあり、此所にあらず、甚大なる希望を懐きて死すべき時は立派に死に給へ。軍籍に在るキリスト信者が戦場に於て死にたればとて、神は彼の霊を決して天国より斥け給はざるべしと小生は固く信じ候。[38]

だが翌一九〇五年六月に内村は太田が健在であることを知り、「御健在を聞て悦ぶ。願くは日露一日も早く兵を息めて、君を余の家に迎ふるの快を得んことを祈り候」、「一日千秋の感を以って君並に他の諸勇士の凱旋を待つ」[39]と書き送っている。その数ヶ月後に太田が無事に帰ってくると、「御無事御凱旋にて、大慶の至りに存候。今後永久、戦争なるものの起こらざらんことを祈り候」[40]と書いている。

一九〇四年二月一一日に内村が知人に送った書簡では、旅順港での海軍の勝利を知って、これが長い陸戦を招き国家の資源を極度に枯渇させてしまうであろうことを憂慮しつつも、思わず「昔ながらの愛国心」から「隣り近所全体に聞こえるほどの大声で、『帝国万才』を三唱しました」[41]とも述べている。これについては内村も自らのなかの矛盾を自覚しているようである。また、内村に「徴兵拒否をしたい」と相談に来た青年に対して、「家族のためにも兵役には行った方がいい」と発言したこともよく知られているエピソードである。

これはしばしば内村の非戦論に対する疑問点として挙げられることが多い。だが非戦主義を抱きつつも軍事に関わることそれ自体には反対しない内村の言動は、彼のなかではなんら矛盾するものではなかった。内村によれば、非戦主義者の戦死は戦争廃止に意味のあるものなのである。彼は次のように述べている。

世はわれら非戦主義者の勧告をいれず、冷静の思想は熱情の支配するところとなりて、ついに戦争を開始するに至り、そうしてその定めし制度により、国民の義務としてわれらにも兵役を命ずるに至らんか、その時には、われらは涙をのみ、誤れる兄弟の難におもむくの思念（かんがえ）をもって、その命に従うべきである。かくするのが、この悲惨なる場合においては、戦争を廃止するに至らしむる最も穏健にしてかつ最も適当なる道であると思う。[42]

その理由について内村は次のように考えている。すなわち、もし非戦主義の名において兵役を拒んでしまうと、人々はその者たちを命を惜しむ卑怯者だという目でしか見なくなってしまう。そしてまた、仮に兵役に就かなかったとすると、その者に代わって別の誰かが犠牲になってしまうわけであるから、そうした代わりの人を作らないためにも自ら苦役に服従すべきだというのである。

さらには、すべての罪悪は善行をもってのみ消滅させることができるのであり、戦争は多くの非戦主義者の無残な戦死をもってのみ廃止することができるのだと述べている。可戦論者の戦死は戦争廃止に何の意味も持たないが、戦争を忌み嫌う者が敵弾の的になって倒れ、戦場にて平和の生涯を終わるに及んで、ここに人類の罪悪の一部分があがなわれ、世界の平和はそれだけ一歩この世に近づくのだという。

逝（ゆ）けよ、両国の平和主義者よ、行いて他人の冒さざる危険を冒せよ。行いて、なんじらの忌みきらうところの戦争の犠牲となりて倒れよ。戦うも、敵を憎むなかれ。そは敵なるものは今はなんじになければなり。ただ、なんじの命ぜられし職分を尽くし、なんじの死の、贖罪（しょくざい）の死たらんことを願えよ。人はなんじを死に追いやりしも、神は天にありてなんじを待ちつつあり。[43]

内村はこのような考えに立って兵役に就くことを肯定し、また親しくしている軍人を送り出していった。「非戦論者が最も善き戦士をつくるとは、大なる逆説のようには聞こゆれども、しかしながら、これは否認しがたき著明なる事実である」[44]と彼はいう。内村は、非戦論者がその生き血を注いで戦争の犠牲になることにより、戦争全廃の道が開けるとするのである。

このような内村の主張は、すなわち自らの命を戦争そのものの犠牲とし、殉教の一種としてささげるという意味であろう。だがそれに対しては、これまで当然さまざまな疑問が投げかけられてきた。

例えば千葉眞は次のように指摘している。「非戦主義者の戦死に『戦争美』を見ようとする内村のこの議論には、武士道的死生観が部分的に現れており、その貴き非業の死を贖罪死として美化することで、結果的に戦争を推し進める国家主義の論理に組み入れられる危険性があることは否定しがたい。彼の非戦論に内在している歴史的リアリズムの洞見はここには微塵も認めることはできず、それは一種の戦争神秘主義によって大幅に曇らされているといえよう」[45]。また、内村は戦場で死ぬことの意味を評価しつつも、兵士が戦場で敵兵を殺すという可能性についてはほとんど考慮に入れていないように見え、その点についても批判は避けられないように思われる。

さて、内村の軍人理解においてもう一つ注目すべき点は、彼は軍人に対する慰めという行為も、決して戦争そのものの是認にはならないと考えていたことである。内村は「戦時における非戦主義者の態度」と題する文章のなかで、戦争が始まるまでは全力でそれに反対を唱えるが、始まってしまったならば、平和主義者の義務と責任と目的は、平和の回復であるという。しかしだからといって、現実に戦争を終わらせることは自分たちの力だけで容易にできるものではない。そこで自らにとって最もふさわしい事業は、兵士やその家族たちの慰問であるというのである。彼は次のように述べている。

私ども、金銭に乏しき者はもちろん世の宝をもって多く彼ら可憐の民を慰めることはできません。しかしながら慰藉（いしゃ）は金銭の施与にのみ限りませんから、私どもは力相応の援助（たすけ）を彼らに供することができます。あるいは彼らの家事の相談相手となり、あるいはわが家の剰余品をもって彼らの不足を補い、またある特別の場合においては、彼らに心霊上の慰藉を供して、彼らの寂寥（せきりょう）の一部を癒（い）やすこともできます。われらはこうして軍人を慰めて、べつに戦争そのものを是認するのではありません。これら無辜（むこ）の民にとりましては、戦争は天災の一種と見てもよろしいと思います。これは彼らが招いて起こったことでもなく、また好んで迎えたことでもありません。ゆえに私どもは、飢饉（ききん）や海嘯（つなみ）の時に彼らを助けると同じ心をもって、私どもの満腔（まんこう）の同情を彼らに表すことができます。[46]

続けて内村は次のように断言している。「非戦主義はわがための主義ではありません。これは人を救うための主義であります。召集されし兵士を励まし、その遺族を慰むるがごときは、これ決して非戦主義にそむくことではありません」[47]。

わざわざこのような発言をするのは、兵士への慰めや励ましに対して、すでに一部から、非戦主義に矛盾するのではないかという批判があったからではないかと推測される。だが内村は、一般の兵士やその家族たちにとって、戦争とはもはや「天災の一種」であるとし、兵士やその家族を慰めることそれ自体は決して「戦争協力」ではないと考えていた。非戦論や戦争廃絶を唱えつつも、また軍備というものに否定的でありつつも、軍人という職業やその当人たちを平和に反する存在と見て攻撃するなどということは、決してなかったのである。

だがその一方で、軍人の存在が戦争のきっかけとなり得ることを示唆するような発言もないわけではない。例えば内村は第一次世界大戦中、軍人は職業柄、常に戦争について議論しているので、軍人の存在する間は必ず開戦論はあるであろうとも述べている。[48] 確かに軍人は戦闘行為の主体ではある。しかし、少なくとも近現代においては、戦争をするかしないかを決めるのは政府や政治家、あるいは世論や有権者であり、軍人自身に開戦の決定権があるわけではない。また一般に、軍事思想・戦略思想は決して単なる戦争の肯定ではなく、むしろ戦争の回避や抑止、また戦争被害の縮小を究極的な狙いとする思索である。第二次世界大戦時の日本でもドイツでも、開戦に消極的だった軍人は少なくない。むしろ一部の文民や世論に開戦の声が大きかったのも事実である。内村が本格的に非戦論を唱え始めた日露戦争前も、明治の軍部は戦力や国力の差を冷静に見据えて、戦争はやるべきではないのではないかとも考えていた。しかし一九〇三年の日露交渉直前に東大教授七名が桂太郎首相を訪れて開戦を主張する強硬な意見書を提出し、またそれを新聞で国民に発表するなどし、結果として世論を主戦論に向かわせた。そうした現実を考えれば、軍人は必ず戦争を主張し、軍人が戦争と混乱の原因であるとするような見方は、短絡的であるようにも思われる。

また内村は国家を一頭の動物に例えて、平和主義者を胃や腸、軍人を爪や牙に相当するものだという言い方もしている。[49]「軍人」の対極に「平和主義者」をおいているという点だけに注目すれば、彼が軍人に対してネガティブな評価をしているような印象を受けるかもしれない。だが一方で、内村の他の議論を見ていくと、彼は決して単純に軍人を平和の敵であるとは見ていないとも考えられるのである。

次に、「軍人の信仰」と題されたエッセーを通して、彼が軍人と信仰の関係をどう考えていたのかを見てみることにしたい。

4　軍人の信仰

内村は「軍人の信仰」のなかで、福音書に登場する百人隊長や使徒言行録のコルネリウスなどを挙げて、彼らはみな「福音の保護者」であったと述べている。「イエスは軍人を愛し、軍人はイエスを愛した」、そして「この異邦人、しかもこの異邦の軍人に、まれに見る篤き信仰があった」[50]という。

そしてキリスト教の信仰は「戦闘の一種」であって、闘志なき者には維持することのできないものであると主張している。内村によれば、「教会は軍隊の一種」である。教会は法律家や思想家の弁論会ではなく、行けと命じれば行き、来いと命じれば来る者の集まりであるという。すなわち権威の行われるところであって、議論の行われるところではない。したがって、現にこれまでその指導の任に当たってきた者の多くは軍人の家に生まれた者か、あるいは軍人気質の者であったという。

例えば内村は、英国の説教師で日本のキリスト教徒に大きな影響を与えたフレデリッキ・W・ロバートソンを挙げ、彼は陸軍砲兵士官の息子で、軍人の精神を持ってキリストに仕えた者であるとしている。また、イグナチオ・デ・ロヨラは周知の通り元軍人で、「軍人が宣教師に化した者」であった。さらに、日本におけるプロテスタント普及の場所の一つ、いわゆる熊本バンドの礎を築いたリロイ・ジェーンズも士官学校出身の軍人であったし、内村とも関係の深いW・S・クラークも、札幌の地で「少年よ、大志を抱け」という以前は、南北戦争を戦って大佐の階級で退役した軍人であった。感化力の極めて大きかった福音伝道者の多くは「自身軍職を身に帯びし人」だったのである。

日本にプロテスタントが伝えられるやこれを受け入れたのは鍋島の臣であった村田若狭という武士であったし、その後の新島襄、本多庸一らも同じく武士の家系に生まれた者であった。新渡戸稲造や内村自身もそうであろう。内村によれば、「すなわち日本にあっても、福音は軍人によりて伝えられ、軍人によりて受けられた」[51]のである。内村は次のようにいう。

イエスは平和の君であるが、その部下として忠実なる軍人を求めたもう。そして軍人が福音の戦士と化せし時に、最も有力なる平和の使者となるのである。[52]

なぜならば、福音は簡単・明瞭であり、その多くは命令によって行われることだからだという。命令に対して「何ゆえに」と問題を設けるようなものではない。「キリスト教は哲学的宗教なりと称し、まずその哲学的根底をきわめて、しかる後に立つという者のごときは、とうていイエスの忠実なる弟子たるあたわざる者である」[53]とも述べている。彼によれば、「君命これ従うのほか何事をも知らざる心をもってイエスに臨んでこそ、彼がまことに神の子、人類の王、わが全身をささげて誤らざる者であることが判明する」[54]のである。

そしてここでも確認されるべきなのは、こうした内村の軍人に肯定的な議論は、日露戦争も第一次世界大戦も終わった一九二〇年代半ば、すなわち、単なる道徳や文明の進歩に信頼した非戦論ではなく、キリスト再臨信仰に基づいた非戦論を唱えていた時期に発表されたということである。

確かにこのエッセーは、マタイ福音書八章、ルカ福音書七章、使徒言行録一〇章、という聖書の限られた箇所を念頭に論じられた短い文章ではある。またここでいわれている「軍人」は、「戦闘をおこなう」という性格に対してよりも、むしろ「服従する」という性格に注目したうえでの評価であるようにも思われる。またここでは、「軍隊は必ずしも圧制の道具ではない。よくこれを使用して、平和は確立され支持せらる」[55]とも述べられるなど、日清戦争以前の可戦論に舞い戻ったかのような発言さえ加えられてもいる。だが少なくともこの文章全体のなかでは、軍人や軍隊の存在を戦争の原因や悪の根源であると見なすような批判的論調は一切見られない。

内村は「余が非戦論者となりし由来」というエッセーで、自らがかつては可戦論者であった理由として、自分は武士の家に生まれた者であり、戦争は先祖伝来の職業であったからだと述べている。[56]彼が戦争には絶対に反対しながらも、軍人たちと親しく交わり、軍人の信仰にも肯定的であった理由の一つとして、やはり武士の末裔という自らの生い立ちから「軍人」を武士の延長線上において捉え、彼らに強いシンパシーを持ち続けたことも挙げられるであろう。

ただし二〇世紀初頭は戦争形態が激変し、その規模も急激に拡大した時期でもある。戦場で軍人たちのおかれていた現実は、極めて過酷なものであった。武力衝突は「産業化戦争」となり、ナショナリズムが叫ばれ、いわゆる「総力戦」の様相を持ち始めつつあったこの時代に、はたして「武士」と「軍人」をパラレルに捉えることが妥当であったかどうかについては改めて検討が必要であろう。このエッセー「軍人の信仰」の最後で内村は、日本の武士道は福音を接ぎ木するのに最もよい台木であり、武士道の衰退は福音のためにも嘆かわしいことだとしている。彼の武士道論の背後には、見てきたような「軍人」に対する肯定的な姿勢がある。そしてまたその軍人観をさらに深く理解するためには、改めて彼の武士道論を考察することも課題の一つとなるであろう。

５　戦争と軍人

以上、内村鑑三における軍人観について概観してきた。内村という宗教的人間についての研究にはすでに膨大な蓄積がある。一人の人間が持っているある事柄についての見方や考え方は、別の事柄についての見方や考え方とも不可分なものであるから、本来ならばもっと精密に彼の思想全体を視野に入れて分析する必要があるだろう。例えば戦争観だけでなく、いわゆる不敬事件や、日本という国家についての理解、さらには無教会主義の提唱など、さまざまな点との連関から検討することも求められるであろう。だがさしあたり本章では、戦争廃絶を主張した内村のなかに、軍人そのものに対する無条件の批判、あるいは嫌悪はほとんど見られないという点だけを簡単におさえておくことにしたい。見てきたように、彼は徴兵された一般市民のみならず、職業軍人とも親しく交流しており、その態度は大変温かいものであった。もちろん可戦論を唱える軍人には批判的であったが、問題はあくまで可戦論であって軍人そのものではなかったのである。

内村が戦争を「天災の一種」としても捉えていたことは、特に注目に値する。確かに戦争は人間の手によってなされるものであるから、それを地震や台風とまったく同列には扱えないだろう。しかし、戦争にいたる道筋や過程は実に複雑であり、政治家や国民の理性ですべてをコントロールできるものではない。戦争は地理的環境、政治、経済、宗教、イデオロギー、歴史的背景などが複雑に絡み合い、さらに利害、プライド、不信、誤解が錯綜して生起する、社会の巨大なうねりである。必ずしも純然たる悪意や欲望のみによって生じるものではない。戦争は、少なくともその時代に生きている国民ひとりひとりにとっては、もはや努力による解決の可能性を超えたものでもある。そうした意味では、確かに戦争は「天災の一種」ということもでき、また何より人間の本来的な罪と悪の集約であると考えざるを得ないからこそ、内村は平和の到来を神の手にゆだねたのである。

内村は、「罪のこの世の続く限り」、軍隊を「全廃せらるる時の来たることを考えることはできない」という。だがこれは決して悲観的な現実認識によるものではない。むしろ、平和は人間の手によってではなく、神の手によってのみ、キリストの再臨によってのみ、可能になるという信仰に基づいた認識として捉えられねばならない。

そしてそのような境地では、軍人といえども、戦争に巻き込まれた存在である。軍人を否定し彼らを社会から排除しようとすることが平和主義であるならば、それはすなわち人間の根源的な罪と悪を忘れ、自らの手によって平和が可能になるという傲慢な姿勢でもあり得る。そこでは神への信頼もキリスト再臨への信仰も不要になるだろう。真に戦争の悪と悲惨さを認識すればこそ、戦闘の主体となる軍人にも同情とあわれみの気持ちを持たざるを得なくなるのである。戦争に反対するからといって、軍人という存在それ自体に対して冷淡になることはあり得ない。だから現にこの世に存在している軍人への慰藉も、内村にとっては極めて当たり前のことであり、先にも引用したように、軍人も「真の信仰によって潔めらるるの必要あるは言うまでもなし」、なのである。

戦争への批判は、しばしば戦闘の担い手である軍人への批判となることもある。だが「戦争」とは大きな社会的事象であり、時には政治的な概念でさえあるのに対して、「軍人」は個別の人間ないしは職業である。それら二つは必ずしも同一の線上で議論、評価できる対象ではない。内村が「戦争」と「軍人」を混同せずに思索・生活することができたのは、彼の非戦論が単なる情緒的な、もっぱら人間の側を向いた平和主義ではなく、罪の自覚と真摯なキリスト再臨信仰に基づいた、あくまで神の側を向いた平和主義だったからではないだろうか。神の前ではいかなる人間も同じ地平に立つ存在であるからこそ、戦闘の主体である軍人に対してさえも、他の人々に対するのと同じように接することができたのではないかと思われる。

内村は著作や日記では、軍隊のチャプレン制度についてはまったく触れていない。だが、もし彼がアメリカ軍式のチャプレン制度を知っていたら、それをどのように評価したであろうか。また、もし彼が二〇世紀後半の自衛官キリスト教徒に対する一部の牧師たちの冷淡な態度を見たらどのように考えたであろうか。今の時代に生きる私たちは、軍人の信仰についてあくまで自分の頭で思索するしかないが、一つの例として、内村のような考え方があることを知っておくことは大切であるだろう。

1 『ガリラヤの道』一九二五年（『内村鑑三聖書注解全集』第一五巻、教文館、一九六一年、一二七―一二八頁）。

2 内村と軍人の関係に言及している先行研究としては、以下のものなどを参照。峯崎康忠『軍人伝道に関する研究―日本OCUの源流―』（ヨルダン社、一九八〇年）、田中浩司「内村鑑三と理想的宣教師 Estella Finch―異文化におけるキリスト教宣教の一つのあり方―」（『防衛大学校紀要　人文科学分冊』九〇号、二〇〇五年）、山中稔「軍人伝道を支援した内村鑑三―日々の記録にみる一側面―」（『キリスト新聞』二〇一〇年一二月一一日、二五日）。

3 「過去二十年」『聖書之研究』一九一四年九月（『内村鑑三信仰著作全集　一九』教文館、一九六四年、一一五頁）。

4 同書、一一六頁。

5 「戦争廃止論」『万朝報』一九〇三年六月（『内村鑑三信仰著作全集　二一』教文館、一九六二年、二七頁）。

6 「近時における非戦論」『聖書之研究』一九〇四年八月（『内村鑑三信仰著作全集　二二』一一〇頁）。
7 「非戦論の原理」『聖書之研究』一九〇八年八月（『内村鑑三信仰著作全集　二二』一〇〇頁）。
8 山本泰次郎『内村鑑三の根本問題』（教文館、一九六八年）六六頁。
9 同書、六八頁。
10 同書、七二頁。
11 「戦争廃止に関する聖書の明示」『聖書之研究』一九一七年七月（『内村鑑三信仰著作全集　二二』一一五頁）。
12 「連盟と暗黒」『聖書之研究』一九一九年五月（『内村鑑三信仰著作全集　二二』三一〇頁）。
13 「戦争と伝道」『聖書之研究』一九一七年一二月（『内村鑑三信仰著作全集　二二』一一九-一二〇頁）。
14 「戦争廃止に関する聖書の明示」『聖書之研究』一九一七年七月（『内村鑑三信仰著作全集　二二』一一六-一一七頁）。
15 同書、一一八頁。
16 「世界の平和はいかにして来たるか」『聖書之研究』一九一八年四月（『内村鑑三信仰著作全集　一三』教文館、一九六二年、一二一-一二二頁）。
17 「謹告二件」『聖書之研究』一九一四年一一月（『内村鑑三信仰著作全集　二二』教文館、一九六二年、二三〇頁）。
18 「罪界の時事」『聖書之研究』一九〇三年一一月（『内村鑑三信仰著作全集　二一』四五-四六頁）。
19 内村の非戦論については、以下の文献などを参照。千葉眞「内村鑑三―非戦の論理とその特質―」（『年報政治学』通号一九九二、一九九二年）、内田芳明『現代に生きる内村鑑三』（岩波書店、一九九一年）、鵜沼裕子「内村鑑三における信仰と倫理―戦争と平和の問題をめぐって―」（『聖学院大学総合研究所紀要』四六巻、二〇〇九年）、宮

20 田光雄「宗教と平和―内村鑑三の非戦思想―」(『理想』四九〇号、一九七四年)。

21 峯崎康忠、前掲書、一二頁。内村と伝道義会およびフィンチとの関係については、次の新聞記事も参照。山中稔「軍人伝道を支援した内村鑑三―日々の記録にみる一側面―」(『キリスト新聞』二〇一〇年一二月一一日、二五日)。

22 堤健男『クリスチャン海軍生徒―海軍機関学校と日本陸海軍伝道義会―』(私家版、一九八七年)四二頁。

23 田中浩司、前掲論文を参照。

24 一九〇五年六月一六日の書簡(『内村鑑三日記書簡全集 六』教文館、一九六四年、一〇二頁)。

25 一九一八年一二月一三日の日記(『内村鑑三日記書簡全集 一』教文館、一九六四年、四五頁)。

26 一九一九年一一月五日の日記(同書、一八〇頁)。

27 一九二一年二月二日の日記(『内村鑑三日記書簡全集 二』教文館、一九六四年、一四頁)。

28 一九二四年六月二一日の日記(『内村鑑三日記書簡全集 三』教文館、一九六四年、五九頁)。

29 田中浩司、前掲論文、三九頁。

30 堤健男、前掲書、一六頁。

31 「無抵抗主義の根拠」『聖書之研究』一九〇七年八月(『内村鑑三聖書注解全集』第八巻、教文館、一九六〇年、二〇二頁)。

32 一九一九年六月七日の日記(『内村鑑三日記書簡全集 一』一二一頁)。

33 一九二三年九月六日の日記(『内村鑑三日記書簡全集 二』三五一頁)。

一九二三年九月二二日の日記(同書、三五六頁)。

34　一九二八年一一月二八日の日記（『内村鑑三日記書簡全集　四』教文館、一九六五年、二四四頁）。
35　一九二八年一二月三日の日記（同書、二四六頁）。
36　一九二八年一二月三日の日記（同書、二四六頁）。
37　一九二五年五月二一日の日記（『内村鑑三日記書簡全集　三』一七六頁）。
38　一九〇四年二月二一日の書簡（『内村鑑三日記書簡全集　六』八〇頁）。
39　一九〇五年六月一六日の書簡（同書、一〇二頁）。
40　一九〇五年一〇月五日の書簡（同書、一一一頁）。
41　一九〇四年二月一一日の書簡（同書、七九頁）。
42　「非戦主義者の戦死」『聖書之研究』一九〇四年一〇月（『内村鑑三信仰著作全集　二一』五九頁）。
43　同書、六〇頁。
44　同書、六一頁。
45　千葉眞、前掲論文、一〇七―一〇八頁。
46　「戦時における非戦主義者の態度」『聖書之研究』一九〇四年四月（『内村鑑三信仰著作全集　二一』五〇―五一頁）。
47　同書、五一頁。
48　「教会と聖書」（『聖書之研究』一九一五年七月（『内村鑑三信仰著作全集　一二』教文館、一九六二年、二〇一―二〇二頁）。
49　「戦時における非戦主義者の態度」『聖書之研究』一九〇四年四月（『内村鑑三信仰著作全集　二一』五三頁）。
50　『ガリラヤの道』一九二五年（『内村鑑三聖書注解全集』第一五巻、一二五頁）。

51 同書、一二七頁。

52 同書、一二七－一二八頁。

53 同書、一二八頁。

54 同書、一二九頁。

55 同書、一二五頁。

56 「余が非戦論者となりし由来」『聖書之研究』一九〇四年九月（『内村鑑三信仰著作全集　二一』八九頁）。

第4章　特攻の死と信仰

——クリスチャンの特攻隊員（林市造の手記を読む）——

お母さん、でも私の様なものが特攻隊員となれたことを喜んで下さいね。死んでも立派な戦死だし、キリスト教によれる私達ですからね。

でも、お母さん、やはり悲しいですね。悲しいときは泣いて下さい。私もかなしいから一緒に泣きましょう。そして思う存分ないたら喜びましょう。

私は讃美歌をうたいながら敵艦につっこみます。

林市造の母への手紙[1]

1 林市造

第二次世界大戦では、多くの若い学生たちも戦場に送られた。ある者たちは、銃で撃たれ、あるいは爆弾に吹き飛ばされて死んでいった。またある者たちは、病気や怪我に苦しみ、あるいは飢え、渇いて死んでいった。日本ではいわゆる特攻隊員として出撃していった者も多く、そのなかにはキリスト教徒もいた。彼らは望まない戦争の最前線で、何を思い、何を考え、散っていったのだろうか。

本章では、林市造というクリスチャンの学徒兵の手紙や日記を見ながら、戦場での死を前にした彼の信仰的佇まいについて考えてみたい。もちろん彼がすべてのクリスチャン将兵を代表するわけではないが、ここではこの一人の青年に注目し、彼の宗教的実存を通して、戦争、平和、信仰などについて再考するきっかけにしたい。

林市造は、一九二二年（大正一一年）に福岡市で生まれた。早くに父を病気で亡くすものの、母と姉そして親戚たちにかわいがられながら、スポーツ好きの明るい青年に成長していった。彼は四人姉弟の長男として将来を期待され、福岡高等学校を経て京都帝国大学経済学部へ進学する。しかしわずか一年で文科系学生の徴兵猶予が停止され、いわゆる学徒出陣により佐世保第二海兵団に入団、後に海軍第一四期飛行予備学生となる。だが戦況はすでに悪化の一途を辿っており、市造は戦闘機搭乗員として速成訓練を受け、ついには神風特別攻撃隊に編入される。そして終戦まであと四ヶ月というところ、一九四五年四月一二日、市造は二五〇キロ爆弾を固定した零式艦上戦闘機に乗り込み、鹿児島県の基地を離陸して、与論島東方で連合軍の機動部隊に突入、戦死した。二三歳だった。

「特攻」そのものについては、その歴史的事実を整理するだけでも膨大な資料と取り組む必要がある。またそれに関わった人間、つまり特攻を命じた側と命じられた側や、特攻隊員になったものの終戦になり出撃することなく生き残った人などの手記にも多くのものがある。本章は、特攻それ自体を考察してこの「軍事作戦」のあり方について価値判断を下そうとするものではない。あくまで林市造というキリスト教徒の特攻隊員とその家族や知人の目を通して、戦場という極限状況における信仰について考えたい。

以下では、まず市造のおかれていた当時の状況について簡単に整理し、次に市造の日記や手紙のテキストが持つ問題について必要な事柄をまとめる。その上で、実際に市造の残した文章を読んでいき、家族や知人の目から見た市造について触れながら、彼における信仰や死の問題について考察していく。

2　神風特攻隊第2七生隊と市造

「神風」という言葉は今では「特攻」とほぼ同義語として用いられており、Kamikaze は外国でもよく知られた日本語の一つにさえなっている。しばしばそれは一部のムスリムによる自爆テロと似たものとして語られたり、また suicide attack と翻訳ないし説明されることもある。日本軍の「特攻」がいわゆる「自爆テロ」とどう違うのか、また「特攻」を suicide attack と訳すことにはどのような問題があるのかという点についてもきちんと論じられねばならないが、それについてここで説明していると本論から大きく外れてしまう。特攻そのものに関してはすでに多くの本が出ているので、さしあたってはそちらを参照していただくとして[2]、ここでは市造の所属していた部隊に関する背景のみを簡単に整理することにしたい。

市造の出撃は、戦争末期の「菊水二号作戦」の一環であった。菊水作戦とは、連合軍の沖縄への侵攻を阻止することを主な目的としたもので、この作戦名は当時天皇に対する最大の忠臣とされた楠木正成の旗印に由来する。海軍で菊水作戦という名で呼ばれたこれと並行して、陸軍の航空総攻撃がなされた。この菊水作戦は第一号から第十号まで二ヶ月以上にわたって実施された。「菊水一号作戦」（陸軍では「第一次航空総攻撃」）は、一九四五年四月六日から七日にかけて行われ、陸海軍合わせて約三〇〇の特攻機が沖縄周辺のアメリカ艦隊に突入した。四六センチ砲を九門持つ世界最大の戦艦大和が「一億総特攻のさきがけ」として約三〇〇〇名の乗組員とともに海に沈んだのも、この四月七日である（天一号作戦）。

そしてそれから五日後、四月一二日から一五日、再度の大規模な特攻作戦として、海軍は「菊水二号作戦」を、陸軍は「第二次航空総攻撃」を行った。市造はこの作戦の初日に出撃した数百人のパイロットのうちの一人だったのである。

海軍の「特攻」そのものは一九四四年の一〇月末から始まっており、市造が特攻隊員となったのはその翌四五年の二月二二日であった。二月二一日午後二時ごろ、当時市造がいた朝鮮の元山航空隊に、本部から特別攻撃隊の訓練を開始せよという命令が入った。その翌日には概ね隊員が確定している。

しばしば特攻に関しては、それが命令だったのか志願だったのかという議論がなされる。事情は陸海軍またはそれぞれの部隊によって、あるいは時期によってさまざまであり、また航空特攻、水上特攻、空挺特攻、回天（いわゆる人間魚雷）、伏龍（潜水具を着用しての対船艇特攻）などさまざまな種類の特攻のすべてを十把一絡げに論じることはできない。市造がいた海軍航空隊の元山基地においては、特攻訓練のための新編成は、最終的には学生隊の編成替えとして発表されたようである。[3] 市造は当時学生隊第五分隊にいたが、その第五分隊六五名は第五、第六、第九の三分隊に分割され、そのうち第五と第六の二分隊が特攻訓練の分隊となった。市造はその第六分隊に振りわけられたと見られる。

神風特別攻撃隊というのは海軍の航空機による体当り攻撃部隊につけられた名称であり、同じ航空機による特攻でも陸軍のそれを「神風特攻隊」とはいわない。また海軍の神風特攻隊でもそのなかでさらにさまざまな隊名がつけられている。例えば神風特攻第一号とされている関行男大尉が率いた部隊は敷島隊と名づけられ、そのときには他に大和隊、朝日隊、山桜隊という名の隊があった。市造の第六分隊は後に「第２七生隊」と命名された。第五分隊は「第１七生隊」となり、そちらが先に菊水一号作戦で出撃することになる。つまりこの二月の編成で、同じ仲間の間でも命の長さに五日間の差が生まれたことになる（元山基地における七生隊の編成プロセスについては、森岡清美が詳しく整理している）。[4]

特攻隊の隊名および作戦・戦果等はいくつかの本によって一覧表などの形でまとめられている（ただ

しそれらのデータには異同も散見されるため、参照する場合には複数の資料を照らし合わせる必要がある）[5]。それらによれば、市造の第2七生隊は、彼を含めて一七名の部隊であった。特攻作戦には旧型機や練習機まで用いられるケースもあったが、第2七生隊の使用機は零式艦上戦闘機（ゼロ戦）の二一型もしくは五二型だったので[6]、市造が搭乗したのもそのどちらかだったと思われる。

市造ら第2七生隊員たちが仲間に最後の別れをして鹿児島県鹿屋の基地を離陸したのは[7]、一九四五年四月一二日の一三時四分であった。それから約二時間の飛行の後、彼らは与論島東方七〇浬付近の海上で、とうとう敵の機動部隊を発見する。鹿屋の戦闘指揮所は一五時一四分から二五分にかけて、第2七生隊から相次いで「我敵艦ニ必中突入中」の無電を受信した。突入した相手はアメリカ海軍の高速空母機動部隊（第五艦隊）および上陸支援部隊であった。第2七生隊一七名、無論全員未帰還である。

述べたように、これは菊水二号作戦の一部であり、この四月一二日に航空特攻をしたのは市造の部隊一七機だけではない。この日は午後から夕方にかけて、陸海軍合わせて二三もの部隊、約一七〇機が体当たり攻撃をした壮絶な一日だったのである。

相手は空母を有する機動部隊である。艦隊の手前で待ち受けるアメリカの戦闘機は、重い爆弾を搭載して動きの鈍い日本軍の特攻機に容赦なく機銃をあびせた。それらをかいくぐってどうにか船団に接近することができたとしても、それら艦船からの対空砲火もまた凄まじかった。周囲に電波を発しながら飛び半径一五メートル以内に物体を感知すると爆発するVT信管付きの砲弾と嵐のような機銃弾は、突入しようとする特攻機の翼をもぎ、また風防や機体側面を破ってパイロットの体を貫いた。多くの機は空中で破壊され、あるいは燃料タンクやエンジンに被弾して炎や煙をはきながら海面に激突し、巨大な水柱を立てた。アメリカ軍側の記録によれば、この戦闘で沈没したのは、駆逐艦マナート・L・エーブル、大型上陸支援艇三三号の二隻で、他に駆逐艦、上陸支援艦、掃海艇など一六隻が大小の損害を被ったとされている。

市造がこの海でどのような最期をとげたのかは誰にもわからない。

市造の母まつゑに息子の戦死が知らされたのでさえ、それから一ヶ月以上後、五月の下旬になってからのことだったのである。

3　市造の日記と手紙のテキストに関する問題

では次に、市造の日記や手紙のテキストが持つ問題について、最小限の事柄を述べておきたい。

市造の遺稿テキストとして基本となるのは、彼の姉である加賀博子の編集による『林市造遺稿集　日記・母への手紙　日なり楯なり』(以下『日なり楯なり』と略記する)、および『特攻隊員林市造　ある遺書』[8]である。市造が母に宛てて書いた手紙は、他の戦没学徒遺稿集の類にもおさめられている。現在でも入手しやすいものとしては、『新版　きけわだつみのこえ』[9]、『あゝ同期の桜—かえらざる青春の手記—』[10]などが挙げられる。他にも、アメリカで刊行された *Letters to Mother*[11] にも収録されており、また特攻隊員の遺書を朗読したCD『海軍特別攻撃隊　遺書』[12]にも録音されている。

ただし、これらのテキストによって市造の手紙を読むときには注意が必要となる。大貫恵美子や森岡清美も指摘しているように[13]、戦没学徒の手記を集めた本の多くには、しばしば語句の写し間違いや、断りのない勝手な省略などが散見されるからである。最終的に正確なテキストを確定するには日記や手紙それぞれの現物を手に入れる必要があるが、本書執筆時点ではそのような作業を行う機会が得られなかったので、ここでは市造の姉である加賀博子の編集による遺稿集『日なり楯なり』を正確なテキストと仮定したうえで、その他のテキストを検討することにしたい。

まず戦没学徒の遺稿集として最も有名な『きけわだつみのこえ』を見てみよう。これが最初に出版されたのは一九四九年であり、現在にいたるまで多くの読者を獲得している。しかしこの本は、必ずしも戦没学徒の手紙や手記を原文に忠実に掲載したものとはなっていない。また「軍国主義的な内容は除く」「軍国主義的表現（八紘一宇、七生報国など）は削除する」「その時代に対する対抗の表現が含まれている遺稿を尊重する」などのことが意識されながら各手記の選考がなされた[14]。その背景にはＧＨＱの検閲や、敗戦から四年目の用紙不足ゆえに出版社から三三〇頁以内に抑えて欲しいという枠がはめられていたことなどもあるが、いずれにしても、集められた戦没学徒の遺稿は恣意的に選別され、また勝手な省略や、一部には創作にも近い書き換えまであり、すべてが純粋に手記の原文に忠実なのではない[15]。

日本戦没学生記念会（わだつみ会）は一九九五年に『新版　きけわだつみのこえ』（以下『新版』と略記す

る）を出し、「新版刊行にあたって」のなかで、「新版の特徴の第一は、遺稿本文の確定、いわゆるテキスト・クリティークを厳密に行ったことである」と述べている。確かに一部の誤り等は修正されたものの、しかし依然として厳密な「テキスト・クリティーク」を経たものであるとはいい難い状態にある。[16]

市造の手紙はこの『新版』（岩波文庫）では、三四三－三四七頁にかけて掲載されている。だがこれを『日なり楯なり』に収録されている同じ手紙の文章と照らし合わせてみると、『新版』では大きく二箇所がカットされており、それは全体のおよそ五分の二に当たることが判明する。まず一つ目の箇所はこの手紙の中間に当たる次の部分である。

お母さん、私は男です。日本に生まれた男はみんな国を負うて死んでゆく男です。有難いことに、お母さん、お母さんは私を立派な男に生んで育てて下さいました。情熱を人一倍さずけて下さいました。お母さんのつくって下さいました私は、この秋には敵の中に飛びこんでゆくより外に手をしらないのです。

立派に敵の空母をしずめてみせます。人に威張って下さい。

大分気を張ってかきましたが、私がうけた学問も私が正しい時にかく感ずるのだと教えています。[17]

この部分がカットされたのは、おそらく「立派に敵の空母をしずめてみせます」というあたりが「軍国主義的」だと見なされたためではないかと思われる。特攻隊への編入が決まった市造にとって、女手一つで育ててくれた母へ「日本に生まれた男」として「立派に敵の空母をしずめてみせます。人に威張って下さい」と言い残すことは、単なる軍国主義的態度ではなく、残された母の悲しみが少しでも和らぐようにするための気遣いだったのではないだろうかとも思われるが、とにかくこの部分は削除されてしまっている。

二つ目の省略箇所は、この手紙の後半部分である。こちらの省略箇所には明確な「軍国主義的表現」はほとんど見られない。あえていうならば、そこには「お母さん、でも私の様なものが特攻隊員となれたことを喜んで下さいね。死んでも立派な戦死だし、キリスト教によれる私達ですからね」という一文が含まれるので、ひょっとするとここに特攻や戦死の肯定というニュアンスを読み取られてカットされてしまったのかもしれないが、あるいは単に紙面を節約するためだけの省略だったのかもしれない。

本章の冒頭にあげた一節は、正にこのカットされた後半部分のなかの一部である。したがって、市造の手紙自体は『きけわだつみのこえ』が出版された一九四九年から知られていたが、本章冒頭の引用部分は『日なり楯なり』が出版された一九九五年に初めて多くの人の目に触れるようになったのである。[18]

さてこの岩波文庫版『新版』が出る前の旧版では、文章そのものの写し間違いがあった。具体的には、市造がパイロットになることに反対していた母を思いながら、「母ちゃんのいわれる様にした方がよかったかなあとも思います」と書いている箇所の「した方がよかったかなあ」という部分を、「した方がよかったなあ」としてしまっているのである。これでは文意が大きく変わってしまうことになる。[19] こうした点が『新版』になって訂正されたのであるから、『新版』が全く無意味だというわけではない。しかしそれでもオリジナルとまったく同じになったわけではない。終戦直後の用紙不足問題は、『新版』が出た一九九五年にはすでに解消されているはずであるが、依然として編者による省略は維持されている。この『新版』の「凡例」によれば、「…………」（点が一二個）は編者による省略で、「……」（点が六個）は手記を書いた学徒兵自身の手による表記だとして区別されている。だが本来の「……」と編者の判断による省略とを同じ記号の点の数だけで区別するという表記の仕方は、実際に読書するうえでは決してわかりやすいものではない。多くの読者は恣意的な省略がなされていることをあまり意識せずに、これが全文だと思って読んでしまうのではないかと思われる。カットされた部分については、はっきりと「中略」「後略」などの表記がなされるべきであろう。

また、『新版』では漢字からひらがなへの書き換え、また逆にひらがなから漢字への書き換えが多くなされているが（これは「凡例」でも断りが述べられている）、市造のこの手紙では、それに加えて、本来句読点がないところにそれが挿入されている部分が三箇所あり、また改行箇所が『日なり楯なり』と異なっている部分も六箇所にのぼる。

『きけわだつみのこえ』に入れられているものと同じ市造の手紙は、『あゝ同期の桜―かえらざる青春の手記―』にも収録されている。この本における文章は、基本的には岩波文庫版『新版』とほぼ同じように見える。だがよく見ると、ここでは『日なり楯なり』にはない句読点が三九も挿入されてしまっている。また「母チャン、母チャンが私にこうせよと云われた事に反対して、とうとうここまで来てしまいました」という文章の「とうとう」という部分が欠落していたり、「結婚の話、なんだかあんな人々をからかったみたいですが、こんな事情ですからよろしくお断りして下さい」という文章の「あんな人々」の「あんな」も抜けている。また、「私もいつも傍に居ますから、楽しく送って下さい」という箇所は、「楽しく日を送ってください」となっており、ないはずの「日を」という言葉がつけ加えられているのである。また『新版』同様に改行箇所も勝手に変更されているなど、文意をねじ曲げているというわけではないが不注意な写し間違いといわざるを得ない箇所が多い。

そして最も大きな問題は、この本では省略箇所について一切の断り書きがなされていない点である。岩波文庫版『新版』では編集者側によってカットされた箇所のあるということは、一応「………」の表記によってわかるが、この『あゝ同期の桜―かえらざる青春の手記―』ではそうした表記が一切ない。つまり、あたかもこれが市造の手紙の全文であるかのようになっているのである。

チャールズ・ファン・ドレン編集による *Letters to Mother* は、有名な科学者、哲学者、芸術家、政治家などさまざまな人物が母親に宛てて書いた手紙を集めた本で、そのなかで唯一の日本人として市造の手紙がおさめられている。市造は京都帝国大学在学中に徴兵されるが、しかしこの本では、彼はTokio University の学生だったと紹介されてしまっている。この紹介欄の最後は“Hayashi was a

Christian" と締めくくられており、彼がカミカゼのパイロットであったにもかかわらずキリスト教徒でもあったという点が編者の関心をひいたのではないかと思われる。

この本においてもやはり『新版』や『あゝ同期の桜―かえらざる青春の手記―』と同様の省略箇所があり、しかも一部省略した箇所があることがまったく述べられていないので、これが手紙の全文であるかのように見えてしまっている。恐らくすでに出版されていた何らかの戦没学徒遺稿集からそのまま英訳したのではないかと思われる。段落のわけ方が『日なり楯なり』とも『新版』とも『あゝ同期の桜』とも異なっており、またかなり意訳されたものとなっている。例えば、この手紙の冒頭で市造が次のように書いた箇所がある。

親思ふ心にまさる親心
　今日のおとずれ何ときくらむ

この歌がしみじみと思われます。[20]

この部分がどのように訳されているかというと "You love me more than I will ever be able to love you. What will you think of this letter? I am desperately sorry"[21] となっているのである。「親思ふ……」という吉田松陰の言葉をどのように訳すかは判断がわかれるであろうが、いずれにしてもこの英訳では、まるでこの部分が市造本人の言葉であるように読めてしまい、引用であるということさえわからないであろう。また"What will you think of this letter? I am desperately sorry"の"letter"は市造のこの手紙そのものを指しているようにも解釈されてしまう。このように、この本に収録された英訳も、やはり本来のテキストに完全に忠実であるとはいえない。

そしてまた、もっとも信頼できるはずの『日なり楯なり』の表紙にも引用間違いがある。述べたように、「私は讃美歌をうたいながら敵艦につっこみます」という一文は岩波文庫の『新版』でも『あゝ同期の桜』でもカットされており、この『日なり楯なり』で初めて一般に知られるようになった大事な部分である。そしてまさにこの一文が、この『日なり楯なり』の表紙デザインの一部として印刷されているのだが、しかしそこでは、「私は讃美歌をうたひながら戦艦につっこみます」となってしまっているのである。

同じ本のなかでかな遣いが一貫していないのはともかく、「敵艦」と「戦艦」は言葉として違うものである。戦艦という語で軍用艦船を総称することも確かにある。だが厳密には戦艦とは軍艦のなかの一つの種類を指す用語であり、それは例えば当時の日本軍でいえば、大和や武蔵などのような大砲と厚い装甲を備えた大型艦である。当時は戦艦(battleship)、巡洋艦(cruiser)、駆逐艦(destroyer)などはきちんと区別されていた。また市造は、この同じ手紙のなかで「立派に敵の空母をしずめてみせます」と述べている以上、撃沈しようとする相手は、少なくとも彼の頭のなかでは空母がイメージされていた。当時の日本軍としても、航空機による特攻作戦の第一の標的は空母であった。手紙の現物を見ない限り完全な確証は持てないが、恐らくこれは、「敵艦」となっている本文の記述の方が正しく、表紙の下部に印刷された引用の方が写し間違いなのではないかと思われる。

このように指摘していくと、あまりに細かい部分に拘り過ぎではないのかと思われるかもしれない。だが述べておきたいのは、このように、いわゆる戦没学徒の遺稿集などのなかには、正確に引用や収録がなされていない部分も少なくないということである。市造一人の例でさえ、これだけの点が確認できるのだ。決して編集者に悪意があるわけではないはずだが、不注意な写し間違いが少なくない。[22] ただ市造の場合はこれでもまだましなほうで、ある戦没学徒の手記にいたっては、勝手な創作ともいえるような書き換えがなされてしまっているケースさえある。人が死を目前に、懸命に書き残した遺書が、しかも特攻という異常な死を前にして、一〇代や二〇代の若者が必死に書いた文章が、断りもなく一部省略されていたり、別々の日に書いた文章が勝手に切り貼りされてあたかも一つの文章のようにされていたりするなど、信じられないほど雑に編集されていることもある。

これまで戦没学徒の手記というものは、平和の大切さや戦争の悲惨さを、安易に人々の情緒に訴えるための手段として利用されてきただけのようにも見える。もちろんなかには戦没学徒の手記を原文に忠実に編集していくことに尽力した人もいる。だが多くの場合は、歴史的資料として厳密に扱おうという意識が非常に低いまま用いられて現在にいたっているのである。

すでに戦後長い時間が経ってしまったが、これからもあの戦争のさまざまな側面について厳密に検証していくとするならば、戦没学徒の手記といった基本的な資料についても根本的に編集作業を見直すことが求められるであろう。

4 市造の日記と手紙におけるキリスト教

さて、前置きが大変長くなってしまったが、これから市造の日記や手紙の内容を見ていくことにしたい。

まず、市造の日記には、自らによって「日なり楯なり」というタイトルがつけられている。これは旧約聖書「詩篇」八四篇一一節の言葉である。一節前から引用すると次の通りである。「なんぢの大庭にすまふ一日は千日にもまされり　われは悪の幕屋にをらんよりは　寧ろわが神のいへの門守とならんことを欲ふなり　そは神ヱホバは日なり盾なり　ヱホバは恩とえいくわうとをあたへ直くあゆむものに善物をこばみたまふことなし」（日本聖書協会、文語訳）。

「日なり楯なり」というタイトルの脇には「昭和二〇年正月」と書かれ、冒頭には「珍しくも新しき手帳貰えるに依り、日記をはじむ」[23]とある。どのような経緯で入手した手帳なのかは不明だが、この日記を書き始めたきっかけは偶然的なものだったと思われる。

遺稿集『日なり楯なり』には、この日記とその他の手紙がおさめられており、その全体から、市造が信仰を通して特攻による死を受け入れようと葛藤していた様子を窺い知ることができる。まず特攻隊編入が決まった翌日に書かれた日記の中には、次のような一文がある。

すべては神のみむねであると考えてくると私の心はのびやかになる。神は母に対しても私に対しても悪しくなされるはずがない。私達一家への幸福は必ず与えられる。[24]

この日の日記の冒頭には「死があんなにおそろしかったのに、私達は既に与えられてしまった」[25]とある。戦闘機パイロットとしてある程度の覚悟はできていたとはいえ、実際に目の前に突きつけられた「死」の現実には、さすがにとまどったのではないだろうか。

市造は「大君の辺に死ぬ願い」がまだ自分の心からのものとはいい難いとも告白しているが、同時に「私は死の恐怖が私の生活をみだすことを恐れなくてはならない」[26]とも述べており、自らの運命を受け入れようとするその様子には禁欲的な姿勢さえ感じられる。自分ではどうにもできないこの運命は「私にさだめられたこと」[27]だというのである。

しかし市造は単なる悲劇としてその運命に身をまかせようとするわけではない。「すべては神のみむねであると考えてくると私の心はのびやかになる」といっているように、彼はこの運命を、自分に敵対するような恐ろしい何者かによって押しつけられてしまったものとしてではなく、むしろ自らの信じる神に由来するものとして肯定的に捉えようとしているのである。それから約一週間後には次のようにも書いている。

信仰者は彼に迫っていること乃至彼の敢てすることが人間的な計算によれば、彼の破滅となるに違いないことを知っている。だが彼は信ずるのである。彼は自分で如何にして救われるであろうかというようなことは、全然神に委せきりである。ただ彼は神にとっては一切が可能であることをしる。[28]

こうした記述からは、市造が戦死に対する自らの主体性は維持しつつも、その究極的な意味については超越的なる存在にすべてまかせて、自分自身は決して悲観や絶望に陥らないように努力しているという様子を読み取れるかもしれない。またこれは、自らの目を恐怖と苦痛の「死」に対してではなく、残された「生」に向けようとする姿勢でもあるだろう。

次のような一文も、「死」を無理に肯定するのではなく、むしろ「生」を何かしら究極的なものへ差し出す佇まいであるようにも思われる。

私は死を考えない方がよい。私は却って死を与えられた現在に於ては生を考えようと思う。生きようと思う。私は死を眼前に悠々たる態度をとるのでなしに、永遠に生きるものの道を辿ろう。[29]

この最後の「永遠に生きるものの道」というのは、彼の日記や手紙の全体を念頭に推測するならば、「信仰」ないしは「神」を念頭においた生き方に他ならないであろう。すでに死を与えられた身としては、確かに生への愛着を断ち切らねばならない。生への愛着とは、彼によれば、友人や家族といった人間関係への執着と享楽への思慕である。死を見つめながら、彼は「私は戦死に心惹かれる。だが考えてみるとそれは逃避でしかない」[30]とも述べている。しかし市造は、死を与えられた今においては死を考えるのではなく、むしろ生を考えねばならないと自らに言い聞かせるのである。そして今この状態においてなお「生を考える」ことが可能であるとするならば、それはすなわち「永遠に生きるものの道を辿」ること以外にあり得なかったのであろう。

だがそう考えていてもやはり、戦闘機を操縦しての体当たりという壮絶な死を前にして、その瞬間までの何週間もの時間を平静な精神状態で過ごすことは容易ではなかったであろう。出撃の約一ヶ月前の日記では、市造は訓練以外の時間に何をすればいいのかわからない自らの気持ちについて書いている。読書をするという気分でもなく、かといってカルタ遊びは頽廃的で嫌いだといい、しかし勉強をするという気力もない。すると彼は、こうした限られた時間内に楽しむことができるのは、空想や妄想にふけること以外にない気がするという。空想によって別個の自分を中心とした世界に佇むことの「たのしさは格別」だというのである。[31] だがすぐに彼は次のように述べている。

空想する人間は明らかに絶望の状態におかれている。絶望していない人間、死に至る病の真只中より抜けでた人間が私の理想であれば、空想より離れることは絶対に必要である。[32]

この一文はやや唐突なものにも感じられるかもしれない。だがこの「絶望していない人間、死に至る病の真只中より抜けでた人間」というのは、キルケゴールの『死に至る病』を念頭において述べられているのである。『死に至る病』は市造の愛読書であり、『日なり楯なり』におさめられている他の手紙のなかにもしばしば登場する書名である。市造は、空想する人間は明らかに絶望の状態におかれているというが、それがキルケゴールの文章のどの部分の解釈であるのかについては改めて検討が必要であろう。だがとにかく彼は、「空想」を楽しむことはキルケゴール的な「絶望」の状態を意味するものであり、自分はそうであってはならないと考えて、「空想」にひたる誘惑を強く振り払おうとしているのである。

市造は別の日にも「絶望」について書いている。

絶望、絶望は罪である。[33]

市造がこの一文にどのような思いを込めたのかを厳密に理解することは難しい。この一文の直前では、市造は、死を前にしていかに文字を書き記そうとも「文をかいても又文にだまされてしまいそうである。／人間はなんでこんな術を覚えたのか、弱い。／そして私はその弱さにこのんで沈んである」と述べている。また直後には、母親からの手紙が来ないこと、家族と会えないことを淋しがる文章が続いている。こうした文脈の間にあるこの「絶望、絶望は罪である」という一文は、前後の流れからすればやや浮いているようにも感じられる。だがあえて推測するならば、これは、自分の死の恐怖と、家族特に母親への執着から来る苦悩のさなかで、決して悲しみに暮れないようにしようとする彼なりの自戒の表現だったようにも思われる。

市造はキルケゴールの『死に至る病』について、福岡高校と京都帝国大学経済学部と続いての同級生であった吉田荘八へ宛てた手紙で次のように書いている。

暇をみつけて「死に至る病」を読了した。人生に対する猛烈なファイトが湧いてくるのを感ずる。高校以来逃げて廻っていた俺だが。[34]

『死に至る病』は、必ずしも読者に「人生に対する猛烈なファイト」を沸き立たせるような本ではない。だがもしかしたら市造は、軍隊生活のなかで再読した『死に至る病』を通して、人間的な死を超越して永遠なるものに捉えられるということの意味を改めて悟ったのかもしれない。

人間的には「死」はすべてのものの終わりである。だがキリスト教的には、「死」のなかにも無限の希望が存しうる。つまり信仰の次元においては定められた死でさえも「死に至る病」ではない。キルケゴールは『死に至る病』の緒論で次のように述べている。「キリスト者のみが死に至る病の何を意味するかを知っている。彼はキリスト者として自然人の知らない勇気を獲得した。彼はより怖るべきものを怖れることを学ぶことによってかかる勇気を獲得したのである」[35]。ここでキルケゴールのいう「勇気」を、市造は「人生に対する猛烈なファイト」と表現したのだと想像することも決してまとはずれではないのではないだろうか。

本章の冒頭に挙げたのは、市造が元山基地から母親に宛てた手紙のなかの一節で、出撃を明後日に控えて書かれたものである。『日なり楯なり』でも「元山基地より母への最後の手紙」と題がつけられている。しかし最後のつもりで書いたこの手紙を出した後に、その出撃は天候やその他の理由で延期され、実際の出撃と戦死はその約二週間後になったのであった。よってこの「最後の手紙」の後にも市造は何通かの手紙を書くことになるのだが、それでも市造自身はあくまでこれを「最後」のつもりでしたためたのである。

「お母さん、とうとう悲しい便りを出さねばならないときがきました」という一文で始まるこの手紙には、次のような一節がある。

洗礼をうけた時、私は「死ね」といわれましたね。アメリカの弾にあたって死ぬより前に汝を救うものの御手によりて殺すのだといわれましたが、これを私は思い出して居ります。すべてが神様の御手にあるのです。神様の下にある私達には、この世の生死は問題になりませんね。[36]

この文章の前では、市造は立派に敵の空母を沈めてみせると宣言すると同時に、母親の傍に帰りたいという思いにかられることを吐露している。そこで右の引用文が来るわけである。ここには母への愛着と、そしてもう一度会いたいという思いがかなえられないことへの絶望が隠されている。母へ会いたいという思いがいっぱいになると市造は「神」に触れずにはいられなくなるようにも見える。「神様の下にある私達には、この世の生死は問題になりませんね」という一文の背後にあるのは、自らの「死」への恐怖と、母ともう会えないということの悲しみであろう。最愛の母と会えないまま死にに行くことになる。しかしこの運命を恨んだりせずに、むしろ信仰を通してなんとかこれを肯定的に受け入れようとする懸命な思いが「神」への言及となって表れているのではないかと思われる。そう解釈できる根拠の一つとして、すぐ後に彼は次のようにも書いている。

私はこの頃毎日聖書をよんでいます。よんでいると、お母さんの近くに居る気持ちがするからです。[37]

市造にとって信仰、聖書、あるいは神に関する事柄は、すべて母の存在と表裏一体であったといっても過言ではないであろう。キリスト教信仰において中心となるのは、いうまでもなく「神」ないしは「イエス・キリスト」である。だが市造の遺稿には直接的に神に語りかけるような文章は出てこないし、信仰のあり方それ自体についての煩悶や葛藤も明らかな形では見られない。市造はキルケゴールなどを読んではいるものの、神学的ないしは宗教哲学的に「信仰」や「死」の意味について自らの言葉で問いかけている様子は、少なくとも一連の日記や手紙においては見られない。もちろん市造は敬虔なキリスト教徒であったが、死を前にした彼にとっては、信仰とはすなわち母を中心とした家族との絆の根拠でもあったのではないだろうか。

日記のなかでも「私は私の母が信ずる神を信じているということはなんという強みだろう」[38]と述べている。彼にとって母は、この世において最も信頼し甘えることのできる存在であったと同時に、神的な次元への導き手でもあった。

お母さん、でも私の様なものが特攻隊員となれたことを喜んで下さいね。死んでも立派な戦死だし、キリスト教によれる私達ですからね。

でも、お母さん、やはり悲しいですね。悲しいときは泣いて下さい。私もかなしいから一緒に泣きましょう。そして思う存分ないたら喜びましょう。

私は讃美歌をうたいながら敵艦につっこみます。[39]

母に「悲しいときは泣いて下さい」といいながらも、続く「思う存分ないたら喜びましょう」という言葉は、単なるこの世的な思いやりではなく、自分の「生」と母親の「生」とにある神的な根拠を前提とした表現であるように感じられる。前の引用でも「すべてが神様の御手にあるのです」といっているように、市造は別れも悲しみも恐怖も、すべてを神にゆだねようとしているからである。

「私は讃美歌をうたいながら敵艦につっこみます」という言葉通りに、特攻の正にその瞬間に、市造が本当に讃美歌を口ずさんでいたのかどうかは誰にもわからない。それが彼の愛唱歌である讃美歌三三七番（「わが生けるは主にこそよれ、死ぬるもわが益、また幸なり……」）であったのかどうかも当然わからない。だが市造にとって信仰と母への思いとが究極的には一つのものであったことを鑑みるなら、この四月一二日の午後、爆装零戦の操縦桿をにぎる彼が、エンジンの爆音と猛烈な対空砲火のただなかで口にした最後の「讃美歌」は、すなわち母に対する感謝と愛情の言葉であったかもしれないとも思われる。

元山基地からのこの「最後の手紙」を書いた後、市造は鹿児島県の鹿屋に移動する。鹿屋から母宛てに書いた手紙は三通あるが、もちろんいずれも元山基地からの手紙と同様に自分の戦死を前提とした内容になっている。

出撃の服装は飛行服に日の丸の鉢巻をしめて純白のマフラーをして義士の討入のようです。お母さんの、千人は右に萬人は左にたおるとも……のかいてある国旗も身につけてゆきます。[40]

この「千人は右に萬人は左にたおるとも」というのは、旧約聖書「詩篇」九一篇七節の言葉である。正確には、「千人はなんぢの左にたふれ萬人はなんぢの右にたふれる　されどその災害はなんぢに近づくことなからん」（日本聖書協会、文語訳）という部分である。多くの者が何らかの災いによって倒れるような状況においても神はあなたを守ってくださる、という詩の一部であり、市造の母はこの一節を国旗に書いて彼に持たせたのである。市造はそれを持って出撃すると書いたすぐ後に、次のように続けている。

必ず必中轟沈させてみせます。戦果の中の一隻は私です。最後まで周到に確実にやる決心です。お母さんが見て居られるに違いない、祈って居られるに違いないのですから安心して突入しますよ。[41]

同じ基地で市造よりも先に何人かの仲間が特攻出撃していったが、市造はそれを「何だか夢のよう」だという。昨日出撃していった人々がもう死んでいることになかなかリアリティを感じることができず、「なんだか又ひょっこりかえってくるような気がします」というのである。そこで彼は次のようにいう。

お母さんも長らくあわなかったからそんな気がするでしょうね。でもあっさりあきらめて下さい。「死にし者は死にし者に葬らしめよ」です。後にたくさん人がいるのですから皆でたのしく暮らして下さい。私達の中には、全然母一人子一人の者もいますよ。[42]

市造はいわゆる母子家庭で育てられたが、それでも姉や弟がいた。自分の死が家族を悲しませることは十分に承知していたが、それでも母一人子一人の家族よりはましなのだから、少しでも明るく生きていって欲しいと願っているのである。この「死にし者は死にし者に葬らしめよ」というのは、新約聖書「マタイによる福音書」の八章二二節、あるいは「ルカによる福音書」の九章六〇節にあるイエスの言葉である。母に、死んでも自分のことをいつまでも悲しんではいけないということを、福音書のイエスの言葉を引用してでも説得したかったのであろう。

敵の行動にぶり勝利は我にあります。私達がつっこむことにより、最後のとどめがさされましょう。うれしいです。我々にとりて「生くるはキリストなり死するも又益なり」です。これが誠に痛切に思われます。[43]

この前半の言葉が果たして本当に市造の本音であるのかどうかはわからない。またこの後半の聖書からの引用も、どのような意味で「痛切に思われ」るのか、厳密にはわからない。大貫恵美子も指摘しているように、市造の手記には軍国政府のイデオロギーを鵜呑みにしているような発言と、それとはまったく異なる世界観や人生観が交差して現れ、それは彼がいかに悩んでいたかを示しているとも思われる。[44]だがいずれにしても市造が母宛ての手紙の中で聖書の言葉を引用するのは、彼自身の信仰の表れであると同時に、母の悲しみを少しでも和らげようとするための手段としてそうしているようにも思われる。あるいは、聖書の言葉を用いて自分の考えや心情を伝えようとするところに、母に対する愛が宗教的な次元に根ざすものであることが表れていると解釈できるかもしれない。

この手紙の最後に市造は次のようにいう。「市造は一足先に天国に参ります。天国に入れてもらえますかしら。お母さん祈って下さい。お母さんが来られるところへ行かなくてはたまらないですから」[45]。母が死後に行くのは天国であるという絶対の自信は、市造における母の位置づけを端的に示している。そして自分も母がやがて行く天国に行けるように祈ってくれというのもまた、市造の母への最後の甘えを信仰的に表現したものといえるだろう。

そしていよいよ、本当の特攻出撃の前日に書いた母への手紙の最後は、次のように締めくくられている。

明日は確実に必死必中です。

お母さん、たいがいのことはかきましたね。
今日は学校のオルガンで友達と讃美歌を歌いましたよ。46

この「学校」というのは、特攻隊員の宿舎として使用していたものであると思われる。「今日は学校のオルガンで友達と讃美歌を歌いましたよ」という最後のこの言葉は、それを読む母にとっても、またそれを書いた市造にとっても、単なる事実報告以上の意味を持ち得る。この一文は、「明日は確実に必死必中」であるけれども、それでもオルガンで讃美歌を歌うほど今の精神状態は穏やかであり、決して不安や恐怖によって取り乱したりはしていない、という自分の内面を母に伝える。だがまた同時に、死の前日に讃美歌を歌ったということをしっかり文字に書くことで、自分は確かに神のそばにいる、すなわち母ともしっかりとつながっているということを改めて実感し、深い安堵を得ることができたのではないだろうか。

5　家族と友人のなかの市造とキリスト教

市造の短い人生において、母まつゑの存在は極めて大きなものであった。それは父親が三二歳の若さで亡くなってしまったこととも関係していると思われる。

市造の父俊造は二六歳で島根農林の教頭となり、福岡師範、福岡農業教員養成所を経て、東京帝国大学農学部の助手となった。上京した俊造からは、福岡にいるまつゑや市造と姉たちに研究室の模様をスケッチした手紙などが送られてきて、その翌年には家族みんなで江ノ島へ遊びに行くことなどを約束していた。しかし、俊造は三二歳の初夏に急死してしまう。市造はそのときまだ二歳であった。

しばしば、若い兵士は死に際に母親の名前を叫ぶといわれることがある。そうした可能性は市造においても高いと思われるが、ただし彼の場合は物心がつく前に父を亡くしているのである。市造の手記に母への思いが極めて強く表れていることは、彼の家庭環境も念頭に入れて理解されるべきであろう。

父親を亡くした林家の生活は楽ではなかったが、母まつゑは、農村の文明開化を念願した夫俊造の遺志をついで、村の小学校の補習科などで農民の文化向上に孤軍奮闘した。女生徒の裁縫と補習科を一人で受け持ち、百姓に学問はいらないという風潮のなかで、補習科の生徒にも女学校卒業程度の教養は身につけさせようと頑張った。昼間は裁縫、手芸、家事、生花などの授業を目いっぱいやり、ようやく家族そろって夕食をすませると、今度はもめごとの仲裁や生徒の縁談などを手伝い、家に居れば居たで来客が多かったらしい。そんな母まつゑの人生を、娘の博子は「半生を夫に捧げ、子に捧げ、生徒にも捧げた」[47]と評している。

まつゑは夫俊造に導かれてクリスチャンとなったのだが、俊造は内村鑑三の影響を受けてクリスチャンになったらしい[48]。まつゑは夫の死後も、四人の子供を信仰によって育てた。そんなまつゑの精神的な支えとなったのは、津屋崎教会の桑原牧師であった。桑原牧師はいつも和服を着て古武士の風格があったというが、やさしく穏やかで宣教師とも会話のできる教養人であったという。市造は福岡市荒戸にあったホーリネス教会で幼児洗礼を受け、高等学校のときに改めて受洗した。

博子の回想によれば、家庭内において食前には「日々の糧」という祈禱文を読み合ったり、聖書を一章ずつ読んだこともあったという。母が最初に博子に買ってくれた本は、『天路歴程』だった。母の持っていた聖歌集の扉には「エホバ与えエホバ取り給う。エホバの聖名はほむべきかな」と記されていたという。この聖句は旧約聖書「ヨブ記」一章二一節の言葉で、しばしば葬儀などでも読みあげられる箇所だが、これは若くして夫を失った彼女の心境なのか、あるいはやがて特攻という形で愛する長男を失う悲劇を暗示するものだったのだろうか。夫を亡くして女手で四人の子供を育てる苦労は相当なものであっただろう。博子は粉雪の舞う冬の真夜中、庭に出て一心に祈っている母の姿を見かけたことがあったという。

だがそんな母まつゑも神社に参拝したことがあった。市造が佐世保にいたとき、面会のためにそこへ向かったまつゑは、そのお守りを持っていれば弾に当たらないという噂を聞いて南風崎神社に行ってくる。また東京の知人宅に行った際には靖国神社にも立ち寄り、「此処で待って居るから参ってお出で」といって博子だけに参拝をさせてきたという。博子は、「靖国神社に参らねばならぬ身の上にだけは、なり度くない母の胸中を察して私は市造さんを死なせないでくださいとこれはキリスト教の神様に祈りました」と述べている。[49]

戦後になって、博子がまず平和を実感したのは、神戸で聖書と讃美歌集を手に教会へ急ぐ人たちの姿を見たときだったという。母まつゑは日本的キリスト教と称して神社参拝を自ら納得させていたというが、戦時中は、キリスト教は敵国思想とされ、クリスチャンは国を売るのではないか、と疑いの目で見る人もいたという。林家は村で一軒のクリスチャンではあったが、しかし良き信仰の友の往来もあり、市造自身にも信仰をともにする友達は少なくなかったようである。

旧制福岡高校のクラス雑誌『雁来紅』（一九四九年）で梅野正四郎は市造について次のように回想している。「君は外出時に短剣を忘れようとしたことはあっても、バイブルと携帯用の茶の湯道具とは忘れることがなかった」[50]。「特攻隊編成の行われたのは三月初めであったろうか。それからの一ヶ月、君の生活は死を恐れることよりも主を畏れ、如何に生きるかと云う事に集中された」[51]。周りから見ていても市造の日々の振る舞いのなかに信仰の表れがあることは明らかだったのであろう。本章冒頭に引用した手紙は、この梅野の手を通して母に届けられた。

秀村選三も同じ『雁来紅』に載せた文章のなかで、大学時代に市造と「冬の夜『宗教哲学』の読書会をした頃」のことや、「戦に征かんとしての秋、南禅寺にいた彼を誘って若王子のキリスト教墓地を歩き、墓標の聖句を読んだ日」[52]のことなどを思い出している。秀村は佐世保では市造と同じ分隊に配属され、二人で手旗の練習もしたという。二人は後に土浦へ移ったが、そこで秀村は肺浸潤となり佐世保に帰されることになった。以後も何度か手紙のやり取りをしたが、顔を合わせたのはその土浦が最後となった。

秀村は次のようにも述べている。「お互いに前途の苦難を思うだけでも何か求めざるを得なかった。彼は私のポケットの聖書や内村鑑三の『後世への最大遺物』をずっと読んでいたが、二人ともたしかに真剣な生活を送らねばならなかったが故に、異端を誇っていた私たちも幼い日の信仰が蘇りつゝあったのではないだろうか」[53]。この「異端を誇っていた私たち」というのが具体的にどのようなことであったか厳密にはわからないが、ひょっとすると当時の彼らは、さまざまな人生経験やあるいは新しく学んだ哲学などから、少年時代からの素朴な信仰に対して懐疑的あるいは挑戦的な態度を示していたのかもしれない。

だがそんな彼らの心のなかでもこの困難な時代においては、「幼い日の信仰が蘇りつゝあった」のだ。秀村は、同じ文章の「後記」で次のように述べている。「一九四九年の新緑の頃、私は鹿屋に行った。彼が祖国を最後に飛び立った基地に立ちたく思い、また彼の手紙に書かれている小学校や小川のほとりを歩きたかったからであった。鹿屋航空隊の格納庫の無残な残骸をあとに、野里の方へ青々とした広い麦畠の中を歩いている時、私は『一粒の麦』を思い『復活の生命』が何の抵抗もなく受け入れられて、それは私のキリスト教信仰の原点の一つとなった」[54]。市造は特攻として与えられた死を前に、母を思うことを通して自らの信仰の原点に立ち返ったが、秀村もまた、戦後しばらくしてから市造の出撃した鹿屋にて改めて「キリスト教信仰の原点」を発見したのである。

また市造とキルケゴールの関わりについても彼が解説してくれている。「林君が元山進発前にキェルケゴールの『死に至る病』を読了したのは、恐らくその四年前に一度読んでいたからである。一九四一年、林君が高校一年の春休みに、私たち福高聖書研究会の数名は寮の亭々舎で合宿し、河野博範先生（九大宗教学助手、後、西南学院大学教授）の指導で、『死に至る病』を読んだ。先輩の永野羊之輔氏（九大哲学助手、後、広島大学教授）も参加された。私たちには難解な本であったが、イエス・キリストがこの世の病＝死を『この病は死に至らず』といわれたこと、『死に至る病』とは絶望であり、絶望は罪であることは深く心に残った」[55]。

そして秀村は次のようにこの文章を締めくくっている。「高校以来、既成のものを破ろう、借りものを捨てようとして、異端を誇りとさえしていた私たちであったが、死を近くにして林君が『イエスさまもみこころのままになしたまえとお祈りになったのですね。私はこの頃毎日聖書をよんでいます。よんでいると、お母さんの近くに居る気持ちがするからです』と書いているのに、当時私も迷いながらも同じ思いでいただけに、林君も幼い日の単純で素直な信仰に帰っていたと思われてならない」[56]。

このように秀村は、この同じ文章のなかで二度も「異端を誇りとさえしていた私たち」と、最終的には「幼い日の単純で素直な信仰に帰っ」たことについて言及している。彼のいう「異端」というのが具体的にどのような思想や態度を指していたのかは想像するしかないが、おそらくは、それまでの自らの信仰を再度自らの頭で考え直そうという知的誠実さに基づいた思索だったのではないかと思われる。当時の荒々しい時代状況のなかで、彼らに哲学や神学をじっくり勉強する機会は与えられなかったけれども、結果として二人は「幼い日の単純で素直な信仰」に導かれていったのである。そして市造にとってそのような「信仰」は、彼の日記や手紙を見る限り、常に母の姿を通して彼の内に保たれたように思われる。

６　母への愛情と信仰

市造は京都帝大入学の際、本当は哲学を専攻したいと考えていた。しかし家族や将来のことを考えて、より実用的な学問として経済学を選んだ。彼が自らのキリスト教信仰と関連して具体的にどのような哲学に関心を持っていたのか詳しくは不明だが、きっと一〇代後半には信仰的あるいは哲学的探求の一部としての「懐疑」にも目覚めたのであろう。しかし軍隊生活と「特攻」の決定は、市造の信仰を再び素朴なものにゆり戻した。

極限的な状況が改めてもたらした信仰の形は、市造においては「すべては神のみむねであると考え」ること、また「永遠に生きるものの道を辿」ることという、きわめて素朴な神への信頼に他ならなかったといえるかもしれない。

市造は手紙のなかで、母が「千人はなんぢの左にたふれ萬人はなんぢの右にたふる　されどその災害はなんぢに近づくことなからん」と書いてくれた国旗の話をしているが、この国旗には、実は姉博子もある言葉を書いていた。それは「かれらは涙の谷をすぐれども其處をおほくの泉あるところとなす」という旧約聖書「詩篇」八四篇六節の言葉であった。だがそれは奇しくも、市造の日記のタイトル「日なり楯なり」と同じ箇所なのであった。博子は後に「姉弟が同じ詩篇八四篇から座右の銘を選んでいたのは幼い頃から聖書を読み合って重大な時に神により頼む死生観を培われたものと思います」[57]と回想している。

博子も市造の「私はこの頃毎日聖書をよんでいます。よんでいると、お母さんの近くに居る気持ちがするからです」という手紙の一節を受けて、自分も結婚して母から離れて住むようになったとき、毎夜聖書を読んで、読んでいると母のもとに居たころの安らぎが甦ってきたのを感じたという。彼女は弟の遺書を読んで、彼もまた同じ目で母を見ていたことを知って、母親の存在の大きさを改めて認識したのである。

市造は「私は讃美歌をうたいながら敵艦につっこみます」と書いたのと同じ手紙のなかで次のようにも書いている。

私はお母さんに祈ってつっこみます。お母さんの祈りはいつも神様はみそなわして下さいますから。[58]

市造にとって、「神」「イエス」そして「讃美歌」は、信仰の要点であると同時に、母との最も確実な接点なのであった。母への愛情とキリスト教信仰は、少なくとも特攻隊員となって実際の出撃までの約一ヶ月半の間、彼の中では常に同一の地平にあったのである。

姉博子は、幼いころともに愛読した『天路歴程』の主人公のように、市造もまた苦しい旅を続けて天国の門に辿り着いたのであろう、と述べている。「私にはこの日記こそ市造さんの天路歴程であるように思われてなりません」[59]。博子のこの言葉は、市造が手紙のなかで書いた、「市造は一足先に天国に参ります。天国に入れてもらえますかしら。お母さん祈って下さい。お母さんが来られるところへ行かなくてはたまらないですから」という一節とも呼応しているように思われる。

さて、いくら市造の日記や手紙を熟読しても、やはり今の私たちは、彼がどれほどの苦悩と葛藤を抱えながら、母を思い、神に祈ったのか、それを完全に知り尽くすことはできないだろう。また、「特攻」により敵艦に突入しようとすることは、自らの死を覚悟することだが、それは同時に、敵の殺害を試みることでもある。それが事実であるからといって、しかし、こうして市造の日記や手紙を読んだ後に、彼に対し、「戦争といえどもあなたは人間を殺そうとした。それはあなたの信仰と矛盾しているのではないか」などと批判することも私にはできない。

戦争という社会の巨大なうねりに翻弄された一人の青年の姿として、まずはただ、彼の最期の佇まいを静かに見つめることだけが、私たちには許されているように思われるのである。

1　加賀博子編『林市造遺稿集　日記・母への手紙　日なり楯なり』（櫂歌書房、一九九五年）六四頁。以下『日なり楯なり』と略記する。

2　特攻に関しては極めて多くの本が出版されている。以下では一般の書店では手に入れにくいものとして次の二点を挙げておく。『魂のさけび―鹿屋航空基地資料館一〇周年記念誌―』（鹿屋航空基地資料館連絡協議会、二〇〇三年）、『特別攻撃隊』（特攻隊戦没者慰霊平和祈念協会、二〇〇三年）。

3　森岡清美『若き特攻隊員と太平洋戦争―その手記と群像―』（吉川弘文館、一九九五年）一〇九頁。

4　同書、一〇七―一七八頁を参照。

5　隊員名やその他のデータは、カミカゼ刊行委員会編『写真集カミカゼ―陸・海軍特別攻撃隊―（下）』（KKベストセラーズ、一九九七年）や、原勝洋『真相・カミカゼ特攻―必死必中の300日―』（KKベストセラーズ、二〇〇四年）、特攻隊戦没者慰霊平和祈念協会編『特別攻撃隊』（特攻隊戦没者慰霊平和祈念協会、二〇〇三年）などを参照。

6　『写真集カミカゼ―陸・海軍特別攻撃隊―（下）』三〇頁、および、森岡清美、前掲書、一二九頁を参照。

7　市造が母に出した手紙のいくつかは、しばしば「鹿屋から母への手紙」と題されて紹介されている。述べたように彼は朝鮮の元山基地で特攻隊に加えられ、それから鹿児島県の鹿屋基地に移動してそこから手紙を書いているからである。海上自衛隊鹿屋航空基地資料館の展示をはじめ、多くの資料では彼の出撃基地は確かに「鹿屋」と記されている。だが『写真集カミカゼ―陸・海軍特別攻撃隊―（下）』では、彼の出撃基地は、鹿屋基地のすぐそばにある「串良」とされている。記録上の「鹿屋」というのは地域としての「鹿屋」という意味なのか、それとも厳密に「鹿屋基地」を指しているのか、もし後者であったら「串良基地」と「鹿屋基地」のどちらの記録が正確であるのかなどは不明である。

8 湯川達典『特攻隊員林市造　ある遺書』（櫂歌書房、一九九三年）。

9 日本戦没学生記念会編『新版　きけわだつみのこえ』（岩波書店、一九九五年）。

10 海軍飛行予備学生第一四期会編『あゝ同期の桜―かえらざる青春の手記―』（光人社、二〇〇三年）。

11 Charles van Doren ed., *Letters to Mother*, Channel Press, 1959.

12 真継不二夫監修『海軍特別攻撃隊　遺書』（日本クラウン、一九九二年）。

13 大貫恵美子『ねじ曲げられた桜―美意識と軍国主義―』（岩波書店、二〇〇三年）二八九頁。森岡清美、前掲書、五頁。

14 保阪正康『「きけわだつみのこえ」の戦後史』（文春文庫、二〇〇二年）四〇頁。

15 編集を行ったわだつみ会そのものも政治的に利用されがちなデリケートな組織であり、複雑な問題を抱えていた。保阪正康はわだつみ会について、「そのときどきにその時流に乗った知識人やそれを志向するグループが会に参加し、その精神をつまみぐいして去っていくという繰り返し」（保阪正康、前掲書、一七四-一七五頁）、あるいは「歴史を見つめる目と主観的思いいれを混同してしまった錯誤の世代が、わだつみ会によって培養されているとの感さえしてくる」（同書、二三八頁）とも述べている。

16 詳しくは保阪正康、前掲書を参照。

17 『日なり楯なり』五八-五九頁。

18 この箇所については、保阪正康『「特攻」と日本人』（講談社現代新書、二〇〇五年）二六頁でも紹介されている。

19 湯川達典、前掲書の六一頁以下に、市造の姉の博子がこの点について触れている手紙が掲載されている。

20 『日なり楯なり』五五頁。

21 Charles van Doren ed., *Letters to Mother*, Channel Press, 1959, p. 101.

22 市造のテキストの扱われ方に関するその他の問題については、湯川達典、前掲書、四二-五四頁を参照。

23 『日なり楯なり』一六頁。

24 同書、二八頁。

25 同書、二五頁。

26 同書、二九頁。

27 同書、二九頁。

28 同書、三二-三三頁。

29 同書、三五頁。

30 同書、三五頁。

31 同書、三六頁。

32 同書、三七頁。

33 同書、四三頁。

34 同書、一〇八頁。

35 キルケゴール『死に至る病』（斎藤信治訳、岩波文庫、一九三九年）一八頁。

36 『日なり楯なり』五九頁。

37 同書、五九—六〇頁。
38 同書、二八頁。
39 同書、六四頁。
40 同書、六八頁。
41 同書、六八頁。
42 同書、六九—七〇頁。
43 同書、七一頁。
44 大貫恵美子はそうした市造の悩める姿を「キリスト教と『天皇即国家への犠牲』のイデオロギーとを共存させようとする彼の葛藤」とも表現している（大貫恵美子、前掲書、三六五頁）。
45 『日なり楯なり』七三頁。
46 同書、七八—七九頁。
47 同書、一九二頁。
48 同書、二〇二頁。
49 同書、二〇五頁。
50 同書、一三四頁。
51 同書、一三五頁。
52 同書、一三九頁。
53 同書、一四一頁。

54 同書、一四七頁。
55 同書、一四九頁。
56 同書、一五〇頁。
57 同書、一八三頁。
58 同書、六一頁。
59 同書、二〇九―二一〇頁。

第5章　戦争体験を咀嚼する信仰

——戦艦大和からキリスト教へ（吉田満における信仰と平和）——

肉の重荷を負った人間は、美しい抽象的な「平和」そのものを、生きることはできない。それぞれにあたえられた役割を果たしながら、「平和」を求めて自分を鞭打つことだけが、許されているのである。

吉田満「青年の生と死」[1]

1 吉田満

本章では、戦争文学の秀作の一つ『戦艦大和ノ最期』の著者として知られる、吉田満の死生観や平和論について考察したい。

前章で取り上げた林市造とは異なり、吉田は戦後にクリスチャンになった。ここで彼を取り上げるのは、彼が戦争体験と信仰とに関して多くの文章を書き残しており、それらの内容は、宗教との関連から戦争と平和の問題を考える際の極めて重要な議論を含んでいると思われるからである。戦場の阿鼻叫喚を体験した自分の軍人時代を、キリスト教信仰を持って咀嚼しようとした彼の思索もまた、「軍人と平和」に関する考察に重要なヒントを与えてくれるものである。

吉田満はいわゆる学徒出陣で短い大学生活を終え、海軍に入り、やがて副電測士として戦艦大和に配属される。そして一九四五年四月、大和は「天一号作戦」として軽巡洋艦矢矧《やはぎ》および駆逐艦八隻とともに特攻に出ることになる。だが航空機の援護もない艦隊は、目指す沖縄のはるか手前で米軍艦載機の猛攻を受け、長い間魚雷と爆弾と機銃弾にさらされる。艦が大きく傾き、ようやく総員退避の命令が出た後、吉田は数時間にわたって重油の漂う海を漂流するが、奇跡的に生還を果たした。その日生きて帰った乗組員は、三千数百名のうち、わずか一割程度であった。

吉田は戦争が終わってまもなく、ほぼ一晩で『戦艦大和ノ最期』を書き上げた。出版には紆余曲折があったが、それは結果としてさまざまな反響を呼んだ。その後も吉田は日本銀行に勤める傍で多くのエッセーを書き、生と死、あるいは戦争と平和について、重要な問いかけを残した。それらは、大和という良くも悪くも当時の日本軍を象徴する巨大戦艦の元乗組員による文章として、しかも最後の特攻出撃の生還者によるものとして、多くの人々の関心を集めた。

だが一連の「死」や「平和」に関する思索の背景には、吉田が戦後すぐにカトリックに入信し、その後プロテスタントに改宗しているなどの事実があることを忘れてはならないのである。彼は単に戦場体験だけをもとに人間や社会について考えたのではない。それらは宗教的省察という側面が強かったのである。

以下では、まず吉田の戦後生活におけるキリスト教との関わりについて、その事実関係を整理する。その次に「死」に関する問題を通して吉田の信仰理解を辿り、最後に彼の平和論を信仰の問題との連関で考察することにしたい。

2　キリスト教との出会い

吉田の生涯におけるキリスト教との関わりについて見ていくには、『戦艦大和ノ最期』（以下『大和』と略記する）の執筆についてから話を始める必要がある。

今では戦記文学の秀作としての評価が定まっている『大和』だが、吉田はそれを最初はあくまで戦争体験の「覚え書」として執筆した。「自分がどのようにあの戦争を戦ってきたかの跡を赤裸々に抉り出すことによって、戦後の平和な生活への足がかりとする」[2]ために書いたとも述べている。実際には吉田の父と疎開仲間であった吉川英治による執筆のすすめもあったのだが、少なくとも最初はあくまで自分自身の戦後の生活のために、ある種の心の整理として筆を執ったようである。それは後に小林秀雄の推薦で雑誌『創元』に掲載されることになるが、しかしGHQの検閲により全文削除されるなど出版は思うようにいかず、書き直しを繰り返すうちに、一部修正版や口語体版など『大和』には最終的に合計で八種類ものバージョンが生まれている。[3]

だがこの作品が多くの人の目に触れるようになっても、それに対する評価は吉田にとって必ずしも納得のいくものばかりではなかった。彼によると、いわゆる進歩的評論家の側からは、戦争肯定、軍国主義鼓舞の文学であると強く批判され、また職業軍人の高級士官だった者たちからは、大義を忘れた軟弱な作品だと攻撃されたのである。後に吉田は「何とさまざまな読み方をする人がいたことであろう」[4]と回想している。

吉田は、戦争のなかの自分というものをただ呪うだけでは戦後の新しい生活への道が開けるとは考えず、むしろ、自分がどのようにあの戦争に協力したか、戦争協力行為は何を意味していたか、そのすべてが責められなければならないのか、あるいは許される部分もあるのか、といった問題を正面から見つめることが、まずなされるべき仕事だと考えたのである。[5]それが具体的には『大和』の執筆という作業なのであった。よって『大和』をもってして戦争肯定、軍国主義肯定といわれることに吉田は反論しないわけにはいかなかった。それは決して自分を弁護するためではなく、日本人全体に対し戦争の悲惨さと平和の意味の再考を促すためにも必要だと考えたのである。

吉田はあの時代、一人の海軍士官として、当然なまでの血気に燃えていた。それが当時において、彼や他の将兵たちに与えられた「責任」だったのである。与えられた任務を可能な限り果たそうというその昂りをも戦争肯定と非難するならば、「それでは我々はどのように振舞うべきであったのかを、教えていただきたい」[6]と吉田は『大和』の「あとがき」で読者に問いかける。みな召集を忌避して死刑になるべきだったというのか、それとも怠惰で無責任な兵士としてつとめれば「平和主義的」だったとでもいうのか、という吉田の口調は、問いかけというよりも、むしろ憤りのようである。

吉田自身も自覚しているように、確かに『大和』には敵愾心や軍人魂や日本人独特の矜持が表現されている箇所もある。だが、当時の戦いのなかにおいては、多くがそうしたものを持たずにはいられなかったというのが端的な事実であり、それらに触れたということだけでもって「戦争肯定」だというレッテルを貼るのはあまりに短絡的だと吉田は感じたのである。

世間の多くは、戦争が終わると、戦時中の自らの言動の実態を正直に振り返ることはせず、ただ戦争や軍隊に関わる一切を否定しさえすれば「平和主義者」になれると高をくくった。だが当時の多くの将兵にとって、戦陣の過酷な生活、出撃の体験は、この世の最後のものだったのである。若者が人生の最後に、いやおうなく巻き込まれた状況のなかで何とか生甲斐を見出そうと苦しみ、何か肯定的なものを摑み取ろうとあがくことそれ自体を十把一絡げに悪だと裁くことが「平和」だというのはあまりに安易であることを、吉田は戦中派の一人として口に出さずにはいられなかった。

　戦争を一途に嫌悪し、心の中にこれを否定しつくそうとする者と、戦争に反撥しつつも、生涯の最後の体験である戦闘の中に、些かなりとも意義を見出して死のうと心を砕く者と、この両者に、その苦しみの純度において、悲惨さにおいて、根本的な違いがあるであろうか。[7]

　未来の戦争に反対することは確かに「平和的」であろうが、過去の戦争や軍隊を全否定することが常に「平和的」だとは限らない。それは一歩間違えば単なる忘却でしかなくなるであろう。吉田によれば、彼らが体験した戦争は一切がただ空しいというのではなかったという。最初から終わりまで空しいとわかりきった茶番劇が進行したのではなく、登場人物は端役の一人にいたるまで、それぞれの悲劇を背負いつつも終幕まで息をつめてそれに執着せざるを得なかったのである。

『大和』がさまざまな読まれ方をしたことで、吉田は自分自身への反省としても、また日本社会への問いかけとしても、さらに思索を続けざるを得なくなった。もちろん『大和』を評価してくれる人は少なくなかったが、そうした人たちの言葉も戦後の彼の心に安寧をもたらすには十分ではなかったようである。

吉田の人生の大きな転機となった出来事は、読者の一人であったカトリックの司祭今田《こんだ》健美《たけみ》との出会いである。それは『大和』がＧＨＱの検閲により削除されたころのことで、神父との出会いは正確には『大和』出版以前である。出版前に幾人かに筆写してもらった原稿の一つが、巡り巡ってその神父のもとに渡ったのである。ある日その神父から、泊りがけで話に来いとの連絡が吉田に届いた。そのころ吉田はまだキリスト教信仰とは無縁であったし、むしろ否定的でさえあった。しかし、それでも「何か自分に訴える真実を求めるあまり」、彼のもとへ「思い切って乗りこんでいった」のである。[8]

二人は長い問話をした。床を並べてからも語り合い続けたという。ただし、神父は吉田に対して何かを話すというよりも、むしろ吉田の得意な話題に誘い、思うままにしゃべらせて、その内実を掘り下げていくように導いたという。神父は結局その夜、神という言葉も、キリストという言葉も、また信仰という言葉も宗教という言葉も、ついに口にしなかった。そのことは吉田に、かえって強い印象を残したようである。やがて彼はその神父こそ、『大和』を最も深く誠実に読んでくれた人であると確信するようになる。彼はその日の神父との対話について次のように述べている。

その人は、ことさら私の意を迎えるような一言半句をも口にしなかった。その手稿を両の手に抱いてそれを握りしめながら、口を切った次の簡明な言葉――繰り返し拝見しました。声に出してよみました――を私はどんな風に聞いたであろう。初めて、自分の苦衷を汲み共に進んでくれる人に逢えたよろこびが先ず私を領したのであった。[9]

当時に関する吉田の文章を見ていくと、まず彼を惹きつけたのは、キリスト教の教義そのものではなく、また聖書のなかの言葉などでもなく、この神父の人柄であったようにも思われる。ただし、単純に人間としての神父自身に好意や尊敬の念を持ったことが信仰に直結したのではなく、吉田は神父の人柄の奥にある「何か」を見出し、それが彼における「信仰」の芽生えを促したと考えねばならないようである。これは微妙な差異ではあるが重要である。彼は信仰への過程を綴ったエッセー「死・愛・信仰」のなかで、神父について次のように述べている。

神父は私の前に、知友でも師でも兄でもなく、まさに父となった。その人間性のゆえにではなく、神へのわれとひとしい奉献のゆえに、神のごとく父であった。私は神父を通して、そのかなたのものを実感した。神父をして神父たらしめ、神父をつかわしたそのものの息吹を感じた。[10]

吉田は神父の中に「いちじるしく人間的なもの」と同時に、それ以上のものを見出した。彼の言葉でいえば「神父の中の、人間的なものと、超人間的なものとの併存」[11]である。右の引用で彼のいっている「神父をつかわしたそのものの息吹」とは、すなわち神の息吹であろう。

吉田は概ねこの神父との出会いの日を境に、キリスト教信仰へ向かう。保阪正康は、彼が編集した吉田の文集『「戦艦大和」と戦後』の「解説」で、吉田は復員して四、五年経ってから信仰を持つようになったと述べている。[12] だが正確には、終戦の翌年から吉田と神父との交流が始まり、その約二年後（一九四八年）のイースターに吉田は洗礼を受け、日本銀行内でカトリック研究会を主宰するようにまでなっている。受洗までの期間も勉強をしていたことはほぼ間違いないであろうから、要するに彼の戦後は、最初の一年を除いてすべてキリスト教信仰とともにあったといってよい。[13]

洗礼を受けた一九四八年には、吉田は『今田健美神父述・公教要理講解筆記録』をまとめてもいる。信仰に関するエッセー「死を思う」、「死・愛・信仰」などが発表されたのもこの年である。吉田は教会での活動に積極的で、同年のクリスマス祝会では『犠牲』と題する四幕物のドラマの脚本も執筆している。その脚本は現存していないが、内容はキリスト教の真理性を巡る葛藤に悩む青年と神父との対話を軸とするものだったといわれている。吉田がいかに今田神父を敬愛していたかは、彼がこの年に今田神父へ捧げる短歌を多く残していることからも窺える。[14]

吉田は翌一九四九年五月に中井嘉子と結婚する。だが嘉子はプロテスタントの家庭で育ったため、吉田は結婚前からカトリックとプロテスタントのはざまで悩むことになる。結婚式は受洗したカトリックの世田谷教会で挙げたが、このころからプロテスタントの日本基督教団駒込教会の牧師鈴木正久との交流が始まり、その教会の礼拝に出席するようになったようである。

新しい家庭生活が始まった翌年、一九五〇年九月、吉田は東大のグラウンドで友人たちと運動中に、サイダー瓶の破裂という奇禍にあい、右眼を失明してしまう。そのため一一月末まで仕事を休んで保養するのだが、おそらくその時期にゆっくりとした思索の時間を得られたのであろう。翌一九五一年に、プロテスタントへの改宗について詳しく触れたエッセー「底深きもの」を発表している（吉田のプロテスタント改宗については3節後半で詳しく触れる）。

一九五七年（三四歳）に吉田は正式に日本基督教団駒込教会（一九五八年に西片町教会に改称）の教会員となる。また吉田はこの年から約二年間のニューヨーク勤務を命ぜられ日本を離れており、その間にはアメリカの教会での体験に関する短い文章も残している。アメリカの教会における人々との交わりも、吉田のキリスト教理解に少なからぬ影響を与えたと思われる。森平太は、吉田は信仰に対して決して「熱狂的」ではなくむしろ「醒めた目」を持っていたと述べているが、[15] それはカトリックからプロテスタントへの改宗、そしてアメリカ生活で現地の教会に足を運びそこで得た人々との交流などを通して、キリスト教会や信仰の問題を相対化して捉える視点を養ったからであろうと思われる。この一九五七年から、吉田は『西片町教会月報』に頻繁にエッセーを載せている。この時期は吉田に対する講演や執筆の依頼が多くなっていたが、それにもかかわらず、亡くなるまでの二二年間にこの教会の小さな月報に一六回も文章を載せていることは、吉田とこの教会とのつながりの強さを表しているともいえよう。

一九六七年（四四歳）のイースターの日の出来事も吉田の思索を見ていくうえでは無視できない。その日、吉田の通っていた西片町教会の鈴木牧師が、日本基督教団総会議長として「第二次大戦下における日本基督教団の責任についての告白」を発表した。これは戦後日本のキリスト教界において非常に大きな出来事であった（これについては４節であらためて触れる）。鈴木牧師はそのすぐ後、一九六九年七月に亡くなったが、吉田は鈴木牧師の思想と生き方に深く感銘を受け、後に『鈴木正久著作集』（新教出版社）の編纂に尽力する。それが刊行されたのは吉田の死後だが、その第一巻の冒頭には、鈴木正久著作集刊行準備委員会代表の名で、吉田による「刊行の辞」が掲載されている。

一九七九年九月、吉田は肝不全のため五六歳の若さで永眠する。葬儀は東洋英和女学院マーガレット・クレイグ記念講堂で行われた。葬儀の約二ヶ月後、日本銀行カトリック研究会で黙想会が開かれ、今田健美神父による特別追悼ミサも行われた。吉田をキリスト教へ導くきっかけとなった今田神父は、一九八二年に亡くなった。

以上が吉田とキリスト教との関係についての主な流れである。

吉田は神父との出会いを神の摂理と捉えた。だが神父との出会いだけが吉田の人生を大きく変えたのではない。吉田が神父との偶然的な出会いのなかに神的なものを見出し、それを「御摂理」と捉えたことの背後には、やはり壮絶な特攻体験がある。自らが体験した「死」をどう捉え直すかという彼自身の苦悩こそが、神父との出会いを宗教的次元へ導く出来事になしたと見るべきであろう。あるいは、特攻の「死」の体験とあまりにコントラストが強かった戦後の平和な「生」への戸惑いと不安が、彼を信仰に導いたといっても良いかもしれない。いずれにせよ吉田における「信仰」形成のプロセスを知るには、まずは彼の生と死に関する考察に目を向けねばならない。

3 死と信仰

一九四五年四月七日の戦艦大和を中心とする沖縄への海上特攻隊全体の戦死者は、大和の二七四〇名の他、矢矧と八隻の駆逐艦で九八一名、合計で三七二一名にのぼっている。[16] その日の壮絶な戦闘の様子は、受洗した一九四八年に書かれた「死・愛・信仰」では次のように回想されている。

死が、血しぶきとなり肉片となって私の顔にまといついた。或る者は、まなじりを決したまま、一瞬飛び散って一滴の血痕ものこさなかった。他の者は、屍臭にまかれ恐怖に叩きのめされて失神し、身動きも出来ぬままなお生を保っていた。およそ人の訴えを無視し、ときところを選ばぬ死神の跳梁、生の頂点をのぼりつめて、死の勾配を逆落ちながら、あばかれる赤裸々なその人間。蒼ざめたまま口を歪めてこときれる者。女神のような微笑みをたたえ、ふと唇をとじる者。人生のような、芝居のような、戦闘の一局面。そこでは、一切に対する、想像も批判も連想も通用しない。ただ見、触れ、押し、抱くことが出来るばかりであった。[17]

吉田によれば、自分たちの出撃が明確に「特攻」であると知らされたのは艦隊がすでに出港してしまってからのことだった。だが彼ら一同には、必ずしも悲壮感はなかったらしい。多くはいっそう陽気になり、互いに冗談をいって笑ったりしていた。だが吉田はそれを、「勇敢」であるというよりは自分たちが確実に死ぬということを直視できない姿勢だったのではないかと思い返している。また自分自身にも、特攻出撃によって「底なしの猛訓練から解き放たれる」という「安堵」の気持ちさえあったという。[18]

普通人間の死というのは、それがいつどこでやって来るのかわからないものであり、そこに死というものの本領があるといってもよい。ところが特攻死では、自分がいつ死ぬのかがかなりの正確さにおいてわかってしまう。そうした点を指して吉田は、特攻兵に強要される死には「実験室の匂いがして、生命の燃焼が希薄」[19]であり、また「器械的に用意された死は、その意味で死ではない。肉体の破壊ではあるけれども、人間の死とはいえない」[20]という。『大和』では、「精神ノ死ニ非ズシテ肉體ノ死ナリ　人間ノ死ニ非ズシテ動物ノ死ナリ　ムシロ死ニ非ズシテ死ノ小實驗ナリ」[21]とも書いている。

吉田が『大和』を発表したとき、あのような劇的な死の叙述は、特攻を美化することにつながると批判する者も少なくなかった。だが吉田はあの作品のなかで、大和における特攻死は死の経験としてむしろ堪えやすく、底の浅いものであることをはっきり書いたつもりであり、そもそも選択の自由は自分にはなかったのだから、ただ与えられた戦争の場における赤裸々な自分を、偽りなく再現しようとつとめるしかなかったのだと答えている。[22]特攻死の死としての「底の浅さ」を再確認することが、実際にそれを体験した吉田にとっては、後の「生」のために、どうしても必要だったのである。彼は「死」と向き合った当時のことを次のように述べている。

「特攻」という美名のひびきや、巨艦の一員として出陣するのだという矜持の意識が、死の予感の周囲に、異常な昂奮の綾を織りなして、死をくみし易く甘美なものに思わせる。私はそうした薄膜を、死のまわりに、したがって戦いのまわりに張りめぐらしながら、その中に落ちこんだ自分の暗さを、安心立命の静けさだと思いあがっていた。[23]

数日後あるいは半日後に確実に与えられる保証つきの死には、不安を抱く余地はないと吉田はいう。ただし、死の不安もない代わりに、死の実感もない。「一〇〇パーセント確実な死にあるのは、皮肉にも死の影だけである。勇敢な兵士たちは、死に臨んでなお勇敢だったのではなかった。彼らは死から最も遠いところで、最も無責任に自らを亡失することによって、死の確実さからのがれようとあがいていたに過ぎなかったのだ」といい、「度重なる米機の雷爆撃に乗艦が次第に傾き、水平線がほとんど垂直にそそり立った時も、私には全く死の不安はなかった」と回想している。[24]『大和』では「ワレハ死ヲ知ラズ　死ニ觸レズ」「死トノ對決ヨリワレヲ救ヒシモノ、戰鬪ノ異常感ナリ」[25]とも書かれている。

吉田は生還してからすぐのころは、すさまじいひといくさに揉まれた自分はちょっと他人とは違うのだ、という人を見下ろした態度も実は持っていたと告白している。だが賜暇帰省で実家へ行ったとき、ふと戸棚に自分が両親へ宛てて打った電報（大和から生還し一時帰省することを伝えた電報）を見つけ、それは文字がほとんど判別できぬほど涙でにじんでいたのを目にする。そのとき彼は、自分が生きている、ということがこんなに力を持っていたということに霹靂を感じ、その涙の暖かさ、透明さ、強さに心を留めることなく驕慢になっていた自分を強く反省する。

　自分は決して「死」を知り尽くしたわけではなかった、と吉田はいう。「死には本来何か予期されぬ運命的な含みがある。だから特攻の死はむしろ死とよぶにふさわしくなく、生と死の、実験的切断とでもいうべき味気なさをもっていた」、それなのに、「そのような唯一の特攻の経験から、自分が生死の境を往来したかのように思いあがるほど愚かなことがあろうか」[26]と自らを振り返るのである。

　吉田はあの「死」の体験を注意深く思い返してみることで、戦争の悲惨さの意味を考えようとする。彼によれば、戦闘が苛烈だったから悲惨だったのではない。強い人生観が欠けていたから悲惨だったのでもない。また立派な死生観を持たなかったから悲惨だったのでもない。そうではなく、死に近接していながらも自分の人生を目を開けて振り返ることができず、またその空虚さをあばいたところでどうすることもできなかったことが、悲惨だったというのである。[27]

　もうこの平和な戦後においては、「自分はいつでも死んでやるのだ」と自負することは許されない。それまでは生を見ずに死だけを見つめてきた生活であったが、これからはすべてが太陽のもとで永遠に明々白々に残るのだと自覚せざるを得なかった。だがそれは当時の吉田にとっては、耐え難く気が重いことでもあったという。それまでの「死」に対する一種の麻痺的状態は、「生」を不安や重荷と感じる心情へと変化していく。吉田の言葉でいえば、「『いつでも死ねる』という武器をとりあげられた不安」[28]である。

では吉田は、どのように戦後を生きていけばよかったのであろうか。それは決して戦争体験の一切を忘却したり、否定したり、あるいは他者にその責任があるとして誰かを批判するようなことでもなかった。自分の「体験」はそれが何であろうと自分で担うしかない。彼の思索は自身の内側へと沈潜していく。

体験は、だが結局それだけのものでしかない。一つの体験が真に血肉となるには、さらにそれが他の体験によって超えられることを要する。終戦が来て、平和が訪れ、身辺が平静にかえるに従い、私は自分に欠けていたものを、漠然と感じはじめた。死に臨んでの、強靭な勇気とか、透徹した死生観とかが、欠けていたのではない。静かに緊張した、謙虚に充実した、日常生活が欠けていたのである。[29]

特攻の体験、すなわちどうして死ぬか、という課題と向き合ったことは、どうして生きるか、という新たな課題と向き合うことによって、そこでようやく一つの体験として意味あるものになるというのである。

戦後すぐに執筆した『大和』に対する称賛と批判、そして自らの特攻死の体験を振り返る日々のなかで、前節で述べたような神父との出会いがあった。そして彼はやがて信仰的なまなざしを持って生活するようになっていく。「俺は愛したい。献身したい。ひとに押しつけひとを叩くための議論ではなく、そのためにこそ自分が生きているということだけを語りたい。そしてそのように生きたい」[30]、彼はこう書いている。

吉田は自分の生を改めて見つめる際、そこにはすべてを超える絶対的存在が必要であると感じた。死をまぬがれたことでかえって生に執着するのではない。「死から充分にへだたり、生きることが平凡な確かさを持っているとき、そこにこそ死がある」[31]とも述べ、特攻のような「死ノ小實驗」ではなく真の意味での死を迎えるためにこそ、当たり前のような平凡な日常を永遠の相のもとに見つめようと考えたのである。

私はみめぐみに協力の手を差しのべ、神を実感する。神を愛し神を祈る。神は愛しこたえたもう。堕落と昇華、精神と肉体、理想と現実、永遠と時間、あらゆる矛盾の相剋にある私は、この献身の一行為をもって、自然と超自然とを接合する。私はもとより朽ち果てるべきものであり罪と無知とを免れ得ざる者である。だが日々に浄化のときを待つ。祈りにおいてみ前にわが身を捧げ、愛をもって聖寵を保つ。未熟にして愚かなれども、無限の希望に燃え謙虚なるかぎり不安動揺を知らぬ。一日の生が、死への一日の接近であることをしかと受けとり、ますます悔いなからんことに力をつくす。孤独を恐れず、むしろそのときを貴しとし、愛をみがく。愛のゆえに奉仕し、読書し、犠牲を求め、また悦楽する。この胸にはつきざる歓喜と平安とがある。かく生きることにつくしつつ、刻々の死を凝視する。そしていつかは私にも死が与えられるであろう。[32]

この引用は「死・愛・信仰」の最後の部分であるが、彼は同じ年に『カトリック新聞』にも「死を思う」というエッセーを載せており、それの最後の部分がこれと大変よく似た表現で結ばれている。右の引用の最後は「そしていつかは私にも死が与えられるであろう」となっているが、「死を思う」の最後の部分も、「正しく生きたい。死とともに生きつづけたい。いつか、死が与えられるであろう」という一文で終わっているのである。[33] 死は「与えられる」ものであって、生を「奪われる」というものではないといった捉え方は、恐らく当時の吉田の新しい発見であり、彼における信仰的生の自覚を象徴しているように思われる。

森平太も指摘しているように、吉田の信仰を貫く最も深刻なテーマは「死」であり、[34] 吉田自身も自らの入信の動機を、あくまで「死の体験」によると自覚していた。[35] 一晩で『大和』を書いた一九四五年から亡くなる一九七九年まで、彼は「死」について考え続けた。しかしそれは決して恐怖や不安としての「死」ではない。特に受洗後の吉田において、死を考えるとはすなわち生の意味を考えることであり、それは平安に満ちた信仰的思索だったのである。

いざ死に直面したときに、特殊な悟りや死生観が都合よく自分を助けてくれることなどあり得ない。吉田はそのことを、大和が沈んだあの日、海上を漂いながら考えていた。彼は「平凡な毎日を生きている、ありのままの自分、頼りになるのは、それだけである」[36]という。そして、神父との出会いなどを通して、最期の日まで自分を偽らずに生きるとは、すなわち自分を超える絶対の存在にわが身をささげることに始まる、と考えるにいたるのである。

ただし重要なのは、信仰を持って生きるということは、何らかの教義や教えを鵜呑みにすることで不安や疑問を感じなくなることを意味するわけではないという点である。吉田は次のように述べている。

> はっきりした解決の与えられないいら立ちと、おぼろげにしか主をとらえることのできない不安が、最後の日まで私たちをおおうでしょう。しかしそれこそが、主から与えられたかけがえのない私自身の生なのだ、と思い知るべきです。[37]

吉田にとって信仰とは、決して何らかの安心感を得るための「手段」だとは考えられていない[38]。また普遍的、超越的なものに目を向けることで、戦中派の一人という具体的状況を軽視し、現実の葛藤と関わらずにすませようとするような態度でもない。４節で平和論について見ていく際に触れるが、むしろ吉田は、具体的な歴史や体験や現実に拘り続けている。彼において「信仰」とは、それまでの人生をリセットして新たに生き直すことではなく、あくまでも泥臭く血みどろの死の体験の延長として今後を生きる覚悟であったように思われる。信仰を持つとは、自分一人が救われうるかどうかという問題ではなく、「この現実の世界の中で、何に対し何を証しするかの命題を負う」[39]こととして捉えられねばならないと吉田はいう。信仰的な視点と特定の歴史的状況への視点、この二つの極の間を行き来する点に彼の思索の特徴があるともいえよう。

ところで、吉田は学生時代には宗教とほとんど関わりがなかったと述べている。彼によれば、当時は人並みに「人生とは何か」という疑問を持ってはいたが、しかし宗教そのものに対しては批判的でさえあったというのである。しかし実際のところ、吉田にはもともと宗教や宗教的なものに対する関心があったことは確かだと思われる。その根拠は、軍隊生活が始まる以前すでに、彼が東大法学部の同級生であった和田良一に宛てた書簡で、「この二箇月、僕は次のことをして行きたい。あの創作の完結、仏教思想研究の熟読、キリストへの接近、このさいごのものに就いて僕は近頃非常に惹かれてゐる」[40]と書いているからである。この「あの創作の完結」というのが何を指しているのかは不明だが、後半の記述は説明を要しないであろう。

さらにまた、高校からの同級生である志垣民郎宛ての書簡にも、「先日のパウロの本は啓蒙的だが良書ではないと思つた。今、キリスト教の根本に関する本をよんでゐる。君によませたい本が一冊ある。すべて出直さなければならない。神について余りに常識的だつたことがくやしい」[41]という一文も見られる。いずれの書簡も一九四三年の一〇月に出されたものであり、武山海兵団へ入るのは同年一二月であるから、特攻はもちろん軍隊生活すら経験していないときのものである。文通相手との文脈は不明であるから安易な断定はできないが、少なくとも宗教やキリスト教についてまったくの無関心ではなかったことは確かだといえよう。彼は何箇所かで、神父との出会い以前はいかに自分が宗教と関わりが薄かったかを書いているが、それは信仰を意識してからの生活の変化がそれだけラディカルなものであったことを示していると解釈するべきであろう。

学生時代の宗教に対する関心は、彼によれば、あまりに「主知的」で、「思想の一体系をそこに期待していたに過ぎなかった」[42]。かつては宗教という営みを蔑視していたこともあるといい、そこには理性に対する信頼というものが大前提としてあったのだと回想している。だが戦後になると、理性が全能であるか限界を持つかをあらかじめ決めてかかることこそ非理性的だったと反省するようになる。まずは、あくまで理性的であることを地道に貫き、万一理性で処理できぬものにぶつかったときは、そのものの内容ではなくそれにどう対処すべきかを理性的に解いてかかり、そしてその結論を受け入れることを理性的と称することにするという[43]。

吉田は生に関する根本的な問いについて、与えられた何らかの答えの真偽を徹底的に解く鍵を持たぬからこそさらなる疑問が提起されるのではないかと述べる。解答を得さえすればそれで氷解するような問題は、最初から本当に深刻な問題ではないのだというのである。もし人がただ質疑と解決とをくり返すのみならば、いつ真の理解がもたらされるのか、そもそも純粋に知的な知識というものがあり得るのだろうかと問い、「何らかの権威に対する信頼に基づかずにいかなる認識が可能であるというのか」[44]とも述べている。この「何らかの権威」とは彼の場合すなわち「神」であることはいうまでもない。要するに、実存的な問いには神的な権威のみが対応できると考えたのである。

吉田の信仰生活はしかしすぐに第二の変化を迎える。

彼は受洗してまもなく、カトリシズムとプロテスタンティズムの間で苦悩を感じるようになるのである。吉田は一九四九年に見合結婚をするのだが、述べたように相手の女性嘉子は熱心なプロテスタントの家庭で育てられた人であった。最初のころ吉田は、カトリックとプロテスタントの差異などは、純粋に信仰そのものを深めていけば克服できると考えていたようである。しかし「カトリック教会のみが唯一の真の教会である」というカトリック側の主張に嘉子は納得できず、吉田本人も両者の関係や信仰理解について再考せざるを得なくなった。結婚成立以前もそれ以降も、教会の真理性と救いの意味について、二人は真剣に語り合うことになったのである。

このときの吉田の悩みは、現在の私たちが想像する以上に深かったものと思われる。というのも、吉田がこの問題と向き合わされた一九四九年という時期は、カトリック教会はまだ他教派との交流や相互理解に積極的ではなかったからである。キリスト教界全体としては、一九一〇年のエジンバラにおける世界宣教会議などを皮切りに、超教派的な宗教者の交流が生まれてはいた。しかし、カトリックにおける他教派との交流に向けての大きな動きは、教皇ヨハネス二三世によって開かれる一九六二年から六五年にかけての第二ヴァティカン公会議からだったからである。吉田が二つのはざまで悩んでいた時代は、少なくともカトリック教会の基本姿勢は、まだ決して寛容でも前向きでもなかったのである。吉田はそのころのことを次のように述べている。

かつて私が、二つの教会のいずれに就くべきかと悩み苦しんだ時、教えを乞うたほとんどすべての人は、好戦的な明るさをもって、相手側を論破した。議論だけで道が開けるなら、どんなに容易だろうと、私は絶望的に考えた。さいごに会った外国人の神父だけが違っていた。黙って私の話をきいて、長い沈黙の中で、じっと私の瞳の中をみつめるばかりだった。その目には、ひとごとでない痛みの色があった。自分自身、分裂の重さと傷に堪えているように思えた。そしてさいごに言われた。「祈りの中でこそ、私たちすべてが主に一致しうることを信じ、お互いに祈りつづけましょう」と。[45]

私が相談した日本人の神父はこう言われた。「譲り得ぬことはもちろん譲るべきではない。真理をよそにして真の平和はない。しかしいかなる場合にも神に祈るということにおける一致はあるのだ」。ドイツ人の神父はこう言われた。「争うな。議論するな。祈れ。ただ祈り、信仰を深めるのみ。妻を心から愛するのみ」。そして頭を垂れ悲痛な面持ちで長く祈られた。プロテスタントの牧師はこう答えられた。「教会のうちに、すなわち十字架の上にしか真の解決はない。家庭に暖められた妥協ほど悪しきものはない。あくまで良きカトリック信者であるように」[46]。

嘉子もその母も、むしろ吉田がカトリックにとどまることを望んでいたという。しかし吉田は、結局プロテスタントへの改宗を決意する。ただしそれは、決して嘉子やその母に気を遣ったからではなかったようである。確かにその改宗は婚約と結婚を一つのきっかけとするものではあったが、吉田はあくまで「信仰」をどのように捉えるかという問題として考えたのである。結婚式は日本カトリック教会世田谷教会で挙げたが、やがてプロテスタントの日本基督教団駒込教会（後の西片町教会）に通うようになる。ただし吉田がそこの教会員になったのは結婚後八年も経ってからのことであった。千早耿一郎は「その年月に、吉田の苦悩葛藤を見る思いがする」[47]とも述べている。この改宗について吉田は右眼失明直後の「底深きもの」に比較的詳しく書いているが、彼の悩みや決断のポイントは十分に明確とはいえない。森平太も吉田の改宗については「深い謎のような出来事」と表現している[48]。

ただしいずれにしても誤解されてはならないのは、吉田は決してカトリック教会を否定することによってプロテスタントへ改宗したわけではないという点である。彼はカトリックについては、「私は自分の、カトリシズムに対する郷愁を否定しない。あの告解やミサの無類の体験を否定しない。あの壮大な抱擁的な立体感を否定しない」[49]と述べ、また「カトリシズムの堅固な克己と努力の信仰もすてプロテスタンティズムの真摯な捨身な信仰も本物だと思う。いかなるその相違も表裏として見れば一体に過ぎない」[50]といっている。ルターの「信仰によってのみ」という言葉をタイトルとした一九六四年のエッセーでは、自分たち（プロテスタント）は本当に誤りから遠い位置にいるのか、と問いかけたうえで、「『信仰によってのみ』生きるということは、全く容易ならぬ試練の道なのではないか。正しい教会合同への道も、このような信仰の戦いの延長の上にのみあるであろう」[51]と結んでいる。すなわち、決してプロテスタントを選んだことの正しさや優越性を主張するのではなく、将来も自分たちは課題を抱え続けるということを自覚した態度を示しているのである。

吉田は信仰に関する文章のなかでも「イエス」について言及することは稀であるが、改宗以前もカトリック特有の概念や事柄を論じることはほとんどなかった。それは恐らく、彼の信仰の出発点はあくまで「死」の問題であり、それを考えるうえでは端的に「神」という究極的な価値の基準が重要だったからかも知れない。生還して平和が訪れてからの印象を吉田は次のようにいっている。

私は、あの器械的な動物的な死が奪われて、なごやかな、明々白々とした日常しか残されていないことに、愕然とした。すべてが、克明に、淡々といとなまれてゆく、つねに自己をみつめ、一日の生に悔いなきを期し、一瞬一瞬に自分を超えること、それのみが、死に備える途と思われた。したがって、生を全うする途でもあった。[52]

吉田は、悔いなき人生のためには「自分を超える絶対の存在」[53]に身をささげることが必要だったとも述べている。壮絶な「死」の体験から「生」を捉え直すことを求めた吉田にとっては、教会の伝統や権威よりも、信仰のみ、聖書のみ、万人祭司、という簡素な原則の方が受け入れやすかったのかもしれない。

4　平和とその宗教的次元

すでに述べたように、吉田は妻嘉子との出会いを通して二六歳のときに鈴木正久牧師と出会っている。当時鈴木牧師は三七歳であった。吉田のカトリックからプロテスタントへの改宗において、鈴木牧師からの影響を直接示唆するテキストはない。だが吉田は生涯一貫して鈴木牧師を信頼しその思想や生き方に感銘を受けており、彼との出会いが吉田の信仰生活に大きな影響を与えたことは確かである。

鈴木牧師は日本基督教団宣教研究所委員長や伝道委員長、常任議員などを歴任するが、その名を特に有名にしたのは、日本基督教団総会議長に選出された翌年の一九六七年のイースターに、総会議長の名で公表した「第二次大戦下における日本基督教団の責任についての告白」（以下戦責告白と略記する）である。それは約一〇〇〇字の短い文章であるが、戦争の過ちを率直に認め、かつ日本基督教団の設立そのものの問題にも言及するもので、それを支持する側と批判する側との間で議論を巻き起こすものとなった。戦争責任を教団として謝罪することの意味について、あるいは国策による教会の合同の意味を神学的にどう理解すべきかなど、さまざまな点から論争の種となったのである。その詳細については大変多くの文献があるので[54]、ここでは吉田の反応についてのみ確認することにしたい。

戦責告白に関する吉田の言及は、まずは六年後の一九七三年に発表した「戦責告白と現代」に見られる。彼はそこでは明らかに戦責告白の意義を肯定的に評価している。吉田は戦責告白を、「過去への贖罪にとどまらず、戦後日本が再び憂慮すべき方向に向かっていることを恐れつつ、主の助けと導きによって、教団が日本と世界に負っている使命を正しく果たそうとする決意を表明している[55]」ものとして重要な意義を持っているとするのである。

吉田が公表から約六年の間をおいてこの時期に戦責告白に触れた理由は、一九七二年という年を、二回の世界大戦を遂行し、かつ戦後処理に当たってきた体制が崩壊して新しい秩序が始まった「歴史を転換させた決定的な年[56]」と見るからである。このエッセーは『西片町教会月報』に掲載されたものであるが、教会の月報にもかかわらず、内容は国際政治・経済等に関する分析が半分以上を占めている。ニクソンの訪中、訪ソ、そしてベトナム停戦、そして欧州経済連合の発足などに触れ、現時点は米・中・ソ・EC・日本を中心としたブロック対立の世界になりつつあり、そこに第一次および第二次世界大戦前夜との恐ろしいまでの類似があるという指摘などがなされている。だが吉田がそうした国際状況について述べる根底には、その時点での日本の現状に対する大きな不安と不信感がある。

吉田によれば、日本の現実は憂慮すべき方向に直進しつつあり、かつてよりも大規模に世界のなかで孤立化する道へ向かっているという。その具体的な根拠はあまり明確には挙げられていないが、彼は「われわれの精神構造には戦前よりも劣る面がある。戦後の日本人には確立された価値観がない。共通の理解がない。したがって外に向かっても、一貫した立場、節操がない、目につくのはその場主義の計算である。発言は多いが行動は鈍い。平和国家を誇りにしているが、現実の平和に貢献した実績はない。みずからの痛みにおいて世界の平和に協力した経験がない」[57]と厳しく批判している。七〇年代初頭の日本の状況に対する危機感が、改めて戦責告白の意義を彼に想起させたように思われる。

そしてそれからさらに三年後の一九七六年、吉田は再度「戦争責任告白を考え直す」と題して、同じく『西片町教会月報』に文章を載せており、そこでもやはり日本の危機的現状を指摘している。日本はその年にオイルショックと不況をようやく克服したが、ロッキード事件を契機に政局は混迷の極に達し、国民は信ずべき価値観や目標を見失って戦後最大の危機に直面していると述べている。そのうえで彼は、鈴木牧師の戦責告白の要点とそれへの批判に対する鈴木牧師自身の反論を紹介している。ただしいずれも戦責告白に関する文脈では、吉田自身の平和に対する考え方はほとんど述べられていない。

では吉田は、自らの戦場体験、特攻による死の体験と、そしてキリスト教信仰とを通して、平和についてどのように考えていたのだろうか。

吉田は戦中派として、平和の問題は、まず何よりも痛みを伴う自分の生の意味を賭けた問題であり、「気持のいい議論や景気のいい宣伝とは全く無縁の、泥まみれな、血みどろの世界であることを身をもって知らされている」のだという。[58]彼は目を背けることのできない現実に基づいて「平和」を考え抜こうとするが、しかし同時に、「神」という究極的な存在を中心とした宗教的地平にも立っている。本章の冒頭にもあげた吉田の次の言葉を見よう。

肉の重荷を負った人間は、美しい抽象的な「平和」そのものを、生きることはできない。それぞれにあたえられた役割を果たしながら、「平和」を求めて自分を鞭打つことだけが、許されているのである。[59]

この「肉の重荷を負った人間」というのは、宗教的な言い回しだと解釈されてよい。人間は「肉体」を持っているという当然のことをあえていうのは、「肉」に対する「霊」が意識されているからである。吉田はこの文章の前で、新約聖書「ローマの信徒への手紙」の一節を引用している。「肉に従って歩む者は、肉に属することを考え、霊に従って歩む者は、霊に属することを考えます。肉の思いは死であり、霊の思いは命と平和であります」（八章五－六節）。「神の霊があなたがたの内に宿っているかぎり、あなたがたは、肉ではなく霊の支配下にいます。キリストの霊を持たない者は、キリストに属していません」（八章九節）。

しかし多くの人間は、実際には完全に「霊」や「神」の次元でのみ生きていくことなどできない。生きているとはすなわち「肉の重荷」を背負うことであり、それは究極の理想をこの世で実現することの困難ないしは不可能性を暗示している。吉田が「肉」として自らの存在を意識することは、すなわち神からの距離、あるいは「五体の内にある罪の法則」[60]の確認を意味している。「美しい抽象的な平和」というものを決して諦めることなく心に抱きつつも、しかし現実の困難を直視するならば、それぞれに課せられた使命を淡々とこなすことこそがわれわれ人間に唯一可能な「平和」への道だと考えているのである。同じエッセーの中で吉田は、「『私』からはじめる線は、どんな方法によっても、救いや自由にはつながらない」と述べたうえで、神学者カール・バルトの『ロマ書』の思想として、「『イエス』からはじまる線の上でだけ、自分自身から解放され、霊によって生きることができるのである」と述べている。[61]

吉田のこうした記述は、ある種の平和主義に対する批判とも連関している。彼は「平和」を望んでいるからこそ、自分の経験したこととその後の自分の内面を赤裸々に書き綴るのである。だが彼が「平和」を希求するときの姿勢は、単に平和に対立するものとして戦争を一方的に拒絶するだけのものではない。彼は一部の平和主義者に対して次のようにいう。

戦争はいやだから協力したくないというのは、平和への一つの出発点にはなりえても、それにとどまるならば、戦争否定ではなくて、戦争からの逃避に過ぎないでしょう。自分だけは戦争で手を汚したくないという自己中心の発想から、平和への地道な活動が生れた例はありません。[62]

これと同じような主張は他にも複数の箇所で見られる。「単に戦争の害悪を強調し、戦争憎悪をかきたてるだけの反戦論」は「無意味ではないにしても、戦争を阻止するうえで無力」だともいう。[63] 戦争を避けようとつとめ、戦争を悪だと考えることそれ自体はもちろん正しい。しかし、終戦直後に『大和』が戦争肯定の文学、軍国主義鼓舞の文学として強く批判されて以来、吉田はあまりに単純な戦争否定や平和主義の論調には顔をしかめざるを得なかったのであろう。

戦後の一部の平和主義を唱える人々は、自分ははじめから戦争に批判的で、戦争をひき起こす権力を憎悪するとさえ主張すれば、それがそのまま平和論になると高をくくっていたという。[64] 戦争否定の言動というのは、実際には、その意志さえあれば誰でもできるようなものではない。ましてや戦時下でそのように行動することは実に困難であるにもかかわらず、戦後になったとたんにそれが当然なされるべきであったという主張がまかり通るようになってしまったことを、吉田は「キレイ事の風潮」だといい、そうした雰囲気の蔓延がむしろ「戦後日本に大きな欠落を生んだのではないか」とも述べている。[65]

戦争は「平和平和」と叫べばなくなるようなものではない。にもかかわらず口先でそれを繰り返すのは、もはや「子供じみた空想でなければ、何らかの意図をもった宣伝でしょう」[66]とさえいう。実際に大学生活を中断させられて軍隊に入り、最後は特攻まで命じられた吉田にとって、現実に戦争を拒絶することの困難さは身にしみている。吉田は憲法九条については、「日本が平和憲法を作り、国家としての新しいゆき方を世界に示したことは立派であったし、今日まで戦乱にまきこまれることなく過ごしてはきたが、それは平和憲法に支えられたからというよりも、むしろ幸運であったと見るのが事実に近いであろう」[67]というコメントを残している。平和を求める姿勢はもちろん重要であるが、それは道徳的な叫びとしてではなく、あくまで現実との葛藤として希求されねばならない。吉田は絶対平和主義の主張が九条の評価につながるかどうかに関しては、やや慎重になっていたようである。

吉田は、一部の反戦論や平和主義の背後にある現実認識の甘さ、あるいは無責任さを批判している。しかし、間違った戦争は否定するが正しい戦争はやむを得ない、というタイプの思想にも断固反対の立場を取る。「ある意味からは望ましい戦争、というものはあり得ない。平和への手段としての戦争などというものは、それ自身一つの矛盾に過ぎないのだ」[68]という。いわゆる「正戦論」は、キリスト教思想に限ってみても、アンブロシウスやアウグスティヌスから現在にいたる一六〇〇年以上の議論の歴史がある。トマス・アクィナスやマルチン・ルターも条件つきでは武力行使を認める文章を残しており、キリスト教において「絶対平和主義」の態度は、実際には、一部のマイノリティによってのみ維持されてきた[69]。だが吉田はどのような理由があろうと戦争を正当化することは認めず、そのような議論が今まで戦争の絶滅を妨げてきたのだという。正義の戦争ならば支持し、不義の戦争には反対するという立場は過去も現在も優勢だが、人類の歴史はそのような見方の正当性を裏づけてはいないというのが彼の固い信念である。

ただ吉田が自覚しているのは、平和運動が必然的に持つ困難さである。平和への歩みそのもののなかには、「戦い」という要素を内包することが許されないため、それは本質的に受身であり、内向的だというのである。戦争の暴力に対して平和運動が無力で終わらないためには、「受身の本質を失わないまで、しかも受身から攻勢にかわる転機を、見出すことが必要となってくるのだ」[70]という。だが彼のいうその「受身から攻勢にかわる転機」というのが具体的にどのような状態ないしは行動のことを指しているのかについては、「英知」や「情熱」といった言葉で説明されているだけで、あまり明確には述べられていない。

吉田は一方では「平和を」と叫ぶだけの反戦運動を冷ややかに見つめるが、同時に戦争そのものは断固として拒絶し、いかなる状況や条件のもとでも戦争を許さないことが平和のために不可欠な態度だとするのである。こうした部分と連関してもう一つ彼のなかで注目すべき部分は、「日本」という社会ないしは「日本人」というアイデンティティに対する捉え方である。

吉田によれば、戦中の日本はある意味でアイデンティティ過剰であったという。当時は日本人であることや日本という国家の枠だけが強調され、実体のない形骸だけが神聖化されたというのである。だが一九四五年八月一五日以降は、そういう一切のものに拘束されない「私」の自由な追求が最優先されるようになった。彼によれば、本来終戦はそれまでのアイデンティティの中身を吟味して、取るものは取り捨てるものは捨て、その実体を一新させる好機であったが、当時はそれだけの余裕はなく、アイデンティティのあること自体が悪の根源だと見なされ、それは無用であるのみならず幸福のための障害であるとさえ見なされるようになってしまった。

その結果、公的なものへの奉仕、協力、献身は、平和で民主的な生活とは相容れない罪業として退けられたという。日本人としてのアイデンティティの枠をいつまでも無視できると思い込んだところに国際社会の一員として生きる資格のない日本人特有の甘えがあったとも述べている。自分たち戦中派は、抹殺すべきでないものまで抹殺して自らの存立の基盤であるアイデンティティまで喪失したことの「愚」と「欠落」を黙視すべきではなかったと振り返っている。[71] そして吉田は「平和」について考えるうえでもそうした「愚」と「欠落」の自覚のなさは引き継がれてしまっているというのである。

自分は日本人であるという基盤を無視し、架空の「無国籍市民」という前提に立って、どれほど立派な、筋の通った発言をくり返そうとも、それは地に足のついた、説得力のある主張とはならないであろう。平和、自由、民主主義、正義。そのどれを叫んでも、言葉が言葉として空転するだけで、発言は心情的に流れ、現実の裏づけがないのである。[72]

日本人であるという事実を超越した立場から平和について語るということが当時も、また今現在も一部ではなされているが、吉田はそのような議論の意義を認めない。彼は別のエッセーでも、「世界は一つ」の美名のもとで無国籍者のように戦争と平和を論ずる立場も「無責任」だと批判し、絶対平和主義そのものは認めるものの、あくまでも「現実の、われわれにとっての平和を追求することによって、日本人としての責任を果たすべき」だというのである。[73]

われわれはまぎれもなく日本人であって、それを無視ないし軽視するのはすなわち現実の具体的状況の無視や軽視に他ならず、そのような前提に立脚した平和論は夢想でしかないというわけである。ただし吉田のいう日本人のアイデンティティというものは具体的にどのような内容を持つものなのか、それは残念ながら明確に示されてはいない。だが彼が「日本」というものに拘るのは、決して戦中の国家主義的意識を引きずっているのではなく、現実の平和を欲するならば現実にある国家という枠組みを意識せざるを得ないという、常識的なリアリズムによる判断でもあろう。吉田はある箇所で、「私はこれまでの議論を通じて、戦争協力責任の実体は、政治の動向、世論の方向に無関心のあまりその破局への道を全く無為に見のがしてきたことにあるとの結論に達した」[74]とも述べており、すなわち日本のアイデンティティをきちんと意識することが、日本の政治や世論を正面から見据えることにつながると考えているのである。

もちろん現代世界では、国家間の協力や協調は欠かせないものであり、国家の制約を超えた共通の理解に基づく判断や行動が求められることは、吉田も十分に認めている。しかしそれは、決して国家という枠組みの否定であってはならない。吉田によれば、少なくとも今の歴史の段階においては、国家は世界政治運営の基本的な体制として一つの役割を果たしており、これを全面的に廃止すべしとする根拠はまだなく、「国家という枠をはなれて、いかなる場合にも一切の戦争協力行為を拒否する絶対平和主義の立場は、平和推進のための一つの牽引力ではあるが、これに現実の平和世界の建設を期待することは出来ない」[75]と断言する。

ところで、吉田のこのような考え方は、単なる国家観というだけではなく、キリスト教信仰に基づいた態度の延長として解釈することも可能かもしれない。というのも、吉田が晩年に書いた、新約聖書「ルカによる福音書」三章一〇節を主題とした短いエッセーがそうした態度を示唆しているようにも読み取ることができるからである。

聖書のその箇所は次のような場面である。洗礼者ヨハネが、洗礼を授けてもらいにやってきた群集を前にして「斧は既に木の根元に置かれている。良い実を結ばない木はみな、切り倒されて火に投げ込まれる」という。すると人々は必死になって「では、わたしたちはどうすればよいのですか」と尋ねるのである。それに対してヨハネは、「下着を二枚持っている者は、一枚も持たない者にわけてやれ。食べ物を持っている者にも同じようにせよ」と答える。すると徴税人もやってきて、自分はどうすればいいのかと聞くと、ヨハネは「規定以上のものは取り立てるな」といい、兵士には「だれからも金をゆすり取ったり、だまし取ったりするな。自分の給料で満足せよ」と答えるのである。

吉田はこの洗礼者ヨハネの受け答え方について、それらは群集からの問いに対して正面から結論を与えてはいないように思われるという。吉田は「ヨハネの答えは、おのれの分をわきまえよ、おのれの分を越えてむさぼるな、ということにつきる」として、「『何をするか』に答える前に、背伸びせずに自分が『何であるか』を問い直すこと、足もとを見つめ直すことが必要であると、ヨハネは説き明かしているように思われる」と解釈するのである。[76]「何であるか」の問いかけこそが、最も重い命題であるとして、この命題の追求の過程で、もし「何をするか」の答えが得られたならば、それに従うという姿勢を持ち続けたいという。

「自分の足場をはなれて、われわれに訴えかける外部のさまざまな力、社会の動きの中から、『何をするか』の指針を見出すのではなく、あくまで自分が『何であるか』の究明に固執したい」[77]。吉田はこう述べ、そこから自分自身について、「自分がこの現代に生をうけた日本の一キリスト者であり、多くの仲間を戦争で失った戦中派の生き残りであり、体制側に属して戦後日本の復興に協力した社会人であり、日本がふたたび世界の孤児となることを憂え、世界の期待に日本人が何をもってこたえるかに心を砕くている。

同志の一人であるという現実から、眼をそらさないようにしたい」[78]と自らの「何であるか」を再確認し

すると、吉田が「無国籍市民」ではなくあくまで「日本人」の立場から平和を考えようとするのは、決して偏狭な国家主義ではなく、彼が洗礼者ヨハネから読み取った「分をわきまえる」姿勢、すなわち、自分が「何をするか」以前にまず「何であるか」を考えることがより大切だと考えた結果だと解することもできるように思われる。

そして吉田の平和論は、さらに明確に宗教的な次元を指し示す。彼はこの世で平和を求めるということは、単に自分たちの快適さのためなのではなく、究極的には神が支配したもうこの世界のなかで自分のなしうる限りのことをすることであると述べ[79]、また真の平和運動は信仰的な深さに根ざした力を包含するところまで発展すべきであるともいうのである。[80]そして彼の考える平和の理念を可能にするのは「愛」であると結論される。無抵抗の抵抗、真の平安に支えられた平和への道に進むことを可能とするものは、「それは言うまでもなく、愛、つきることを知らぬ愛だけである」[81]という。「平和は、まず何よりも『愛』でなければならない。それも、知恵を働かせた小回りの愛ではなく、大きな徹底した愛であるべき」[82]なのである。だがそれでは、その「愛」とはいったい何なのだろうか。吉田はそれについて次のように述べている。

自分と相手の対立のすべてを包むより大きなものを確信し、その大きなものの意志が少しでもあらわされるように心を砕くこと、自分の敗北、絶滅への脅威ではなく、人間性に対する心底からの信頼を回復しそれに呼びかけること、自分の世界が支配力をもつことへの野望ではなくて、われわれ全体に祝福が与えられるよう切望すること、これこそが愛であり、平和への道でなければならない。[83]

平和について語るうえで、吉田は最終的には「愛」という概念を用いる。平和とはあくまで現実社会の問題であるが、同時に宗教的な次元による裏打ちが求められる。吉田によれば、平和は常に尊く戦争は常に悪である、という信念を純粋に結晶化したものは宗教的な平和論であり、万人がこの高さにゆきつくことを求めるのは無理であろうかもしれないが、これはあらゆる反戦論の一つの核だとされる。[84]「平和平和」と叫ぶだけの反戦論は無意味だとするが、しかし絶対平和主義の立場それ自体は肯定し、いかなる場合においても正戦論的な立場は退ける。また同時に日本人としてのアイデンティティを重視し、国家の枠組みを維持する重要性を論じつつも、そのうえで成り立つ「平和」は決して国家主義的なものではなく、究極的には宗教的次元としての「愛」を骨格とすることによってしかあり得ないと考えたのである。

吉田の平和に対する見方は、戦中派、特攻体験者としてあくまで現実との葛藤を無視してはあり得ないものであったが、その彼なりのリアリズムはあくまで信仰の土台の上でこそあり得るものなのであった。戦後の吉田は、単に現実生活における都合の良さという点から平和を求めたのではなく、この世における神の究極的な支配への参与として、平和を捉えていたのである。

5　信仰と日常

吉田の五六年の人生に最も大きな影響を与えたものは、戦艦大和とキリスト教であった。戦後の「死」や「平和」についての彼の思索は、特攻体験と神への信仰との二つの極の間で営まれたといってもよい。

『大和』に関しては、それをノンフィクションと捉えるかそれとも吉田の体験に基づく創作と捉えるか、同じ生還者や関係者たちの間でもさまざまに議論がなされている[85]。これも事実認識という点では大変重要な問題ではある。しかし吉田満という人物が残した問いかけの本質は、あくまで生や平和に関する問題であることを忘れてはならないであろう。吉田は同じ特攻で死んだ仲間たちを思い出して次のようにいう。

> 死に果てたかれらの、いまはの心には、俺たちへの、精魂こめた希願が盛りこぼれていたのだ。
> もろともに捕えられていたこの愚かしい狂乱のうちから、生きのこった俺たちに、その毒をきよめ

て新生を吹きこむちからを、切望していたのだ。
かれらは、も早やいない。だがかれらを生かすも殺すも、ただ俺たちの生き方にあるのだ。凄惨な苦闘の外貌に欺かれず、そこにちりばめられた、愛、価値、宿命を掘り起こし、みがいてゆかねばならぬ[86]。

戦争の悲惨さや、死の意味は、すでに定まったものとしてあるのではない。生の価値も、平和への希望も、残された者たちのその後の生、その後の日常生活を通して、常に新たに紡ぎだされていくものなのである。そう考えた吉田にとって、戦後の自分の生き方を支えうるものは、信仰以外にあり得なかったのであろう。

本章冒頭の引用にもあるように、私たちは美しい抽象的な平和そのものを生きていくことはできないかもしれない。だがそもそも平和への取り組みというものは、それ自体を目的とした特別な運動というよりも、究極的には、生還後の吉田がそれまでの自分に欠けていたと悟ったような、「静かに緊張した、謙虚に充実した、日常生活」にかかっているものなのではないだろうか。戦争とは、非日常的な狂乱である。宗教は確かに暴力の正当化に利用されることもあるが、同時に信仰は、軍隊という特殊な環境においては、あるいは戦場という修羅場においては、将兵らに落ち着いた日常と正気を想起させるカウンターバランスになり得るものでもあるように思われる。

静かに緊張し、謙虚に充実した日常生活を思い出させるような信仰の佇まいがあるとするならば、そこではきっと、限りない慰めが与えられるだろう。

1 吉田満「青年の生と死」（『吉田満著作集』下巻、文藝春秋、一九八六年）五七五頁。
2 「異国にて」（『吉田満著作集』下巻）二三一頁。
3 『大和』の執筆と出版の経緯、またその原稿の種類やそれぞれの異同などについては、千早耿一郎『大和の最期、それから　吉田満　戦後の航跡』（講談社、二〇〇四年）二一頁を参照。
4 「死・愛・信仰」（『吉田満著作集』下巻）五四五頁。
5 「一兵士の責任」（『吉田満著作集』下巻）一四七頁。
6 「『戦艦大和ノ最期』初版あとがき」（『吉田満著作集』上巻、文藝春秋、一九八六年）六四二頁。
7 同書、六四二頁。
8 「死・愛・信仰」（『吉田満著作集』下巻）五四六頁。
9 同書、五四七頁。
10 同書、五五四頁。
11 同書、五五一頁。

12 吉田満著、保阪正康編『「戦艦大和」と戦後』（ちくま学芸文庫、二〇〇五年）五三六頁。
13 だが意外なことに、吉田がキリスト教徒であったことは生前はあまり知られていなかったようでもある。たとえば親交のあった江藤淳なども、吉田の葬儀に出席して初めてそのことを知ったらしい。千早耿一郎、前掲書、八〇頁を参照。
14 「短歌」（『吉田満著作集』下巻）五七八-五七九頁。
15 森平太「戦中派・吉田満の信仰―解説に代えて」（吉田満『平和への巡礼』新教出版社、一九八二年）二二二頁。
16 防衛庁防衛研修所戦史室『戦史叢書　沖縄方面海軍作戦』（朝雲新聞社、一九六八年）六五一頁。
17 「死・愛・信仰」（『吉田満著作集』下巻）五四一頁。
18 同書、五三八頁。
19 「死と信仰」（『吉田満著作集』下巻）五六四頁。
20 同書、五六四頁。
21 「戦艦大和ノ最期」（『吉田満著作集』上巻）一四〇頁。
22 「『戦艦大和ノ最期』をめぐって」（『吉田満著作集』下巻）一九〇頁。
23 「死・愛・信仰」（『吉田満著作集』下巻）五三七頁。
24 「戦中派の求める平和」（『吉田満著作集』下巻）六一二頁。
25 「戦艦大和ノ最期」（『吉田満著作集』上巻）一四〇頁。
26 「終わりなき貫徹」（『吉田満著作集』下巻）二一〇頁。
27 「底深きもの」（『吉田満著作集』下巻）五五八頁。

28 「終わりなき貫徹」(『吉田満著作集』下巻)二一五頁。

29 「死と信仰」(『吉田満著作集』下巻)五六五頁。これと同様の言い方は、翌年に書かれた「戦中派の求める平和」(一九六三年)でもなされている。そこでは「一つの経験は、他の経験によって乗り超えられるとき、初めて一つの経験になる」(『吉田満著作集』下巻、六一九頁)とあり、「体験」ではなく「経験」という言葉が用いられているが、両者での言葉の使い分けに大きな意味はないと思われる。

30 「死・愛・信仰」(『吉田満著作集』下巻)五四三頁。

31 同書、五四四頁。

32 同書、五五四-五五五頁。

33 「死を思う」(『吉田満著作集』下巻)五三五頁。

34 森平太、前掲論文、二一三頁。

35 「死と信仰」(『吉田満著作集』下巻)五六三頁。

36 「青年の生と死」(『吉田満著作集』下巻)五七三頁。

37 「主に従う」(『吉田満著作集』下巻)五九八頁。

38 吉田は、もし信仰が安心立命のための手段であれば、それは真に生甲斐を求めるということにむしろ反するとも述べており、既成の宗教にはそうした「無用の安定感」が多すぎると批判している(「戦中派の求める平和」『吉田満著作集』下巻)六一八頁。

39 「戦中派の求める平和」(『吉田満著作集』下巻)六二〇頁。

40 「書簡抄」(『吉田満著作集』下巻)七四二-七四三頁。

41 同書、七四四頁。
42 「底深きもの」（『吉田満著作集』下巻）五五六頁。
43 「戦没学徒の遺産」（『吉田満著作集』下巻）五四頁。
44 「死・愛・信仰」（『吉田満著作集』下巻）五四九頁。
45 「信仰によってのみ」（『吉田満著作集』下巻）五八三頁。
46 「底深きもの」（『吉田満著作集』下巻）五六〇―五六一頁。
47 千早耿一郎、前掲書、八六頁。
48 森平太、前掲論文、二二六頁。
49 「底深きもの」（『吉田満著作集』下巻）五六一頁。
50 同書、五六二頁。
51 「信仰によってのみ」（『吉田満著作集』下巻）五八三頁。
52 「死と信仰」（『吉田満著作集』下巻）五六五頁。
53 「青年の生と死」（『吉田満著作集』下巻）五七三頁。
54 この戦責告白に関する日本基督教団における議論については以下の文献を参照。『基督教年鑑』一九六八年版（キリスト新聞社、一九六七年）五八―六〇頁。土肥昭夫『日本プロテスタント・キリスト教史論』（教文館、一九八七年）二三七―二五一頁。
55 「戦責告白と現代」（『吉田満著作集』下巻）六三四頁。
56 同書、六三五頁。

57 同書、六四〇頁。
58 「戦中派の求める平和」（『吉田満著作集』下巻）六二一頁。
59 「青年の生と死」（『吉田満著作集』下巻）五七五頁。
60 新約聖書「ローマの信徒への手紙」七章二三節。また「わたし自身は心では神の律法に仕えていますが、肉では罪の法則に仕えているのです」（同、七章二五節）、「誘惑に陥らぬよう、目を覚まして祈っていなさい。心は燃えていても、肉体は弱い」（「マタイによる福音書」二六章四一節）など（いずれも日本聖書協会、新共同訳より）。
61 「青年の生と死」（『吉田満著作集』下巻）五七四頁。
62 「戦争体験をめぐって」（『吉田満著作集』下巻）二〇三頁。
63 「平和への一歩」（『吉田満著作集』下巻）六五六頁。
64 「戦後日本に欠落したもの」（『吉田満著作集』下巻）一〇七頁。
65 『戦艦大和ノ最期』をめぐって」（『吉田満著作集』下巻）一八四頁。
66 「戦争体験をめぐって」（『吉田満著作集』下巻）二〇〇頁。
67 「戦争協力の責任はどこにあるか」（『吉田満著作集』下巻）一七九頁。
68 「一兵士の責任」（『吉田満著作集』下巻）一五八頁。
69 Cf. Roland H. Bainton, *Christian Attitudes Toward War and Peace*, Abingdon Press, 1979. Arthur F. Holmes ed., *War And Christian Ethics: Classic And Contemporary Readings on the Morality of War*, 2nd edition, Baker Academic, 2005.
70 「一兵士の責任」（『吉田満著作集』下巻）一五九頁。

71 「戦後日本に欠落したもの」（『吉田満著作集』下巻）一〇九頁。
72 同書、一〇八頁。
73 「平和への一歩」（『吉田満著作集』下巻）六五七頁。
74 「一兵士の責任」（『吉田満著作集』下巻）一五六頁。
75 「戦中派の求める平和」（『吉田満著作集』下巻）六二二―六二三頁。
76 「『何をするか』と『何であるか』」（『吉田満著作集』下巻）六〇〇頁。
77 同書、六〇〇頁。
78 同書、六〇〇―六〇一頁。
79 「戦中派の求める平和」（『吉田満著作集』下巻）六二二頁。
80 「戦争体験をめぐって」（『吉田満著作集』下巻）二〇二頁。
81 「平和の問題」（『吉田満著作集』下巻）六〇八頁。
82 「戦中派の求める平和」（『吉田満著作集』下巻）六二四頁。
83 同書、六二四頁。
84 「戦争協力の責任はどこにあるか」（『吉田満著作集』下巻）一七五頁。
85 八杉康夫『戦艦大和　最後の乗組員の遺言』（ワック、二〇〇五年）一六三―一七八頁、および栗原俊雄『戦艦大和　生還者たちの証言から』（岩波新書、二〇〇七年）一八一―一九九頁などを参照。
86 「終りなき貫徹」（『吉田満著作集』下巻）二〇八頁。

むすび

宗教は文化であるが、軍事もまた文化に他ならない。

軍隊という組織は、他の組織の助けを借りずに単独で長期にわたって活動をするための、自己完結性を有している。国防、平和維持活動、災害援助、その他民生協力など、彼らの任務はさまざまであるが、それらを可能にするための移動や、輸送や、キャンプの建設や、情報収集や、食事の供給も、医療も、すべて自前で行う。そして、そうした全体の活動をより円滑にするために、常に各分野に関する教育や研究も行っている。よって軍隊と一言にいっても、戦闘員はあくまでそのなかの一部に過ぎない。軍隊には極めて多くの職種があり、農業や漁業以外はほぼすべてそろっているといわれるほどである。医師やエンジニアや教員や法律家のみならず、音楽隊や宗教家までいるのだ。

結局軍隊というのは、それ自体が一つの町であり社会なのである。軍隊それ自体のなかで独特な文化が育まれることもあるが、同時にまた、軍隊はそれが属している国や社会の文化をコンパクトに反映しているといってもよいだろう。現代のアメリカ軍は、必然的に現代のアメリカという国の縮図であり、現代の自衛隊は必然的に現代の日本という国の縮図でもある。物理的環境や社会制度のみならず、時代によって変化するさまざまな価値観も、自ずとその国の軍隊のありように反映されるのである。軍事は人々の生活や社会の動きに大きな影響を与えるものだが、また同時にその時代からも影響を受けて常に変化していくのであり、良いか悪いかは別にして、それは結局のところ文化だとしかいいようがないものである。

そしてまた、軍事組織の内側における宗教活動も、それはそれで一つの信仰の営為であり、宗教史の一側面である。そこには歴史学、社会学、倫理学、神学など、さまざまな切り口から考察されるべき事柄が含まれている。軍隊という組織とその行動には、その時代に生きている人間の誰もがみな多かれ少なかれ抱えているさまざまな問題が、良い面も悪い面もみな何らかの形で含まれ、またそこであらわになるのだ。宗教が関連する場面においてはなおさらなのである。

各章で扱った話題について、ここで改めてその要点を繰り返す必要はないだろう。本書で意図しているのは、従軍チャプレン制度の是非を問うことではないし、軍人の信仰の真偽を問うことでもない。戦争と宗教に関する諸問題の本質について議論する一歩手前の段階として、ある歴史的事実や、思想や、軍人の佇まいなどをありのままに見つめ、「人間」や「平和」についてまず素朴に反省してみることが本書のねらいである。人間は平和を祈りながら戦争をし、戦争をしながら平和を祈る。この矛盾に見えるものが、まさに現実の人間の姿であり、私たちが営む戦争の一側面なのである。こうした点を十分に念頭においてこそ、「平和」について正当に考察していくことができるのではないだろうか。

本書で扱ってきた問題は、究極的には、人間そのものへの問いに他ならない。確かに信仰と戦争や軍事に関する議論は、キリスト教史においては古典的な問題であるが、しかしこれは、決して特定の宗教文化だけの事柄ではない。また軍人や自衛官だけの問題でもない。私たち人間すべてに根本的な、矛盾と葛藤なのである。これらの問題を、自分自身を含めたすべての人間の問題として捉え、人間という存在の姿を謙虚に見つめ直す契機とすることが、まずは大切なのではないかと考えている。

教会や聖職者たちと戦争・軍事との関わりを、「戦争協力」という点から反省的に振り返ることは大変重要である。しかし、戦争や軍事に関する一切を、とにかく否定しさえすれば「平和主義者」でいられるわけではない。この世で社会の一員として生きている以上、私たちは仕事や日常生活を通して、多くの人々とつながりを持っている。名も知らぬ人々とのつながりや分業や信頼によって社会は成り立っており、街を歩けば気づかぬ間に軍人や自衛官や防衛産業の社員ともすれちがっているのだ。自分だけは戦争や軍事とまったく関わらずにいるということはあり得ない。戦争や軍事へのつながりについて、私たちがどこまでを直接的か、間接的か、あるいは無関係かとするかは、結局のところぼんやりとした感覚的なものに過ぎない。

もちろん戦争は罪である。軍事に関する任務は、それが破壊や殺人を含むものである以上、信仰の観点から問題がないとは決していえない。しかし、信仰と職務の間に矛盾があるということそれ自体は、何も軍人や自衛官だけに限った話ではない。会社員でも、銀行員でも、教員でも、警察官でも、裁判官でも、主婦でも、どんな仕事をしていても、時には誤ちを犯したり、信仰的な理想とは相容れない決断や行為を迫られて、そこで苦悩するということはあるだろう。軍事は人を殺めるものだから、他とは根本的に違う、といわれるかもしれない。だが人間は、武器など持たずとも、悪口や、嘘や、噂話など、口先一つで人を死に追いやることができてしまうものでもあることを、私たちはよく知っているはずだ。本書のテーマは、直接軍事に関わる者だけの問題ではない。ここでは、誰もが真剣に自問すべき普遍的な問いが、やや極端な形で現れているに過ぎないのである。

私たちは、誰もが矛盾を抱えている。無意識にそうであることもあれば、十分に意識しつつもそれを解消できないままそうであり続けていることもあるだろう。「軍事」と、平和を祈る「宗教」との関わりは確かに矛盾に見えるが、しかしそもそも、人が何から何まで論理的に一貫した態度を取ることは稀なのである。平和や信仰について厳しい思索を続けた内村鑑三でさえ、日露戦争時に日本軍の戦闘の勝利を耳にして、隣近所に聞こえるほどの大声で万歳三唱をした、という話を本書では紹介した。他にも、「君死にたまふことなかれ」で有名な与謝野晶子も、別の「戦争」と題した詩では、「いまは戦ふ時である／戦嫌ひの私さへ／今日この頃は気が昂る」などと書いている。社会的状況やあるいは気分によって、人の態度や思想は必ずしも一貫しないものなのである。

平和運動に参加して、「私たちは同じ人間なのだから、みんな仲良くしましょう」と叫んでいても、家庭や職場の人間関係では何らかの問題を抱えていて、必ずしも周囲の人々と仲良くできていないという人もきっといらっしゃるに違いない。誰もが多かれ少なかれ、そうした矛盾を抱えているものだ。人間は、思想でも、主張でも、日々の佇まいでも、傍から見て何から何まで筋の通った姿勢を取ることなどできるものではない。そして、時には判断や行為を大きく誤ることもある。私たちが普段抱いているつもりの信念や、理想や、善意は、きっと自分で思っている以上にみじめなものである。戦争や平和という大きな問題について考えていく際には、そうした人間理解を素直に前提にすることが、とても大切であるように思われる。

本書で扱ってきた話題は、それぞれ非常に「人間臭い」問題だといって良いだろう。宗教も軍事も、ともに人間ならではの営みであるが、両者の交錯する場であらわになる矛盾と葛藤は、美しい面も醜い面も、ともに猛烈に人間臭い。いわゆる宗教戦争や宗教的テロの事例と、本書で取り上げた五つの話題との間にも本質的な差異はない。従軍チャプレンの態度、牧師の自衛官に対する姿勢、内村の非戦論と軍人観、特攻隊員の信仰と愛など、いずれも愉快な話ではないかもしれないが、それらを通して感じる何らかの引っ掛かりは、すなわち私たち自身の人間臭さそのものなのである。それ自体は必ずしも、純然たる悪ではないし、完全な虚偽でもない。ただ端的に、私たちの現実の姿なのである。

戦争および宗教に関する議論は、人々の思想や、情念や、歴史認識だけでなく、複雑な人間関係なども絡みあい、ときには大変白熱したものになる。本書ではデリケートな話題にも触れたが、特定の人物や制度や組織を批判する意図はない。そもそも、さまざまな意見の衝突があるのは、みなが真剣に平和について考えているからである。この種の話題をタブー視してしまうことの方が、問題なのである。

これまでの戦争の歴史や宗教の諸問題を見る限り、私たち人間がそのちゃちな想像力からひねり出した小奇麗な平和主義が、すなわち真の希望であるとは思えない。むしろ、こうした一連の問題を通して感じる、いかんともし難い苛立ちや、悲しみや、迷いそのものが、私たちに手出し可能な平和への希望の一片なのではないだろうか。

あとがき

本書各章は、主に二〇〇五年から二〇一二年にかけて、学会や紀要などで発表してきたものをもとにして構成した。それぞれの初出は次の通りである。

第1章
「アメリカ軍のなかの聖職者たち―従軍チャプレン小史―」（北海道大学文学研究科編『文学研究科紀要』第一一七号、二〇〇五年、三一‐六六頁）、「アメリカ陸軍チャプレン科―軍隊における宗教サポート―」（北海道大学文学研究科編『文学研究科紀要』第一二四号、二〇〇八年、一‐二三頁）

第2章
「自衛隊のなかのキリスト教」（宗教倫理学会編『宗教と倫理』二〇一一年、九七‐一〇五頁）

第3章
「非戦論と軍人へのシンパシー―内村鑑三の軍人観―」（北海道基督教学会編『基督教学』第四七号、二〇一二年、三三‐五七頁）

第4章　「クリスチャンの特攻隊員―林市造の手記を読む―」（北海道大学文学研究科編『文学研究科紀要』第一二二号、二〇〇七年、一-三五頁）

第5章　「戦艦大和からキリスト教へ―吉田満における信仰と平和―」（北海道大学文学研究科編『文学研究科紀要』第一二七号、二〇〇九年、四一-七九頁）

この機会に改めて、上司である北海道大学の宇都宮輝夫教授と佐々木啓教授に、心から、日々の感謝と御礼を申し上げたい。

優れた研究者であるうえに、本当に温かく心優しい両先生には、これまで大学で、あるいは居酒屋で、学問上のことのみならず、さまざまな人生相談にも乗っていただいた。お二人が持っておられる「宗教」や「戦争」についての理解や信念は、私のそれとは異なる部分も多いが、しかしそれにもかかわらず、実に寛大に、私の勝手な研究を許してくださった。どのような言葉で感謝の気持ちを表現すればよいのか、いまだにわからない。

だがもちろんいうまでもなく、本書を含め、これまで私が発表してきたすべての論文や著書の内容についての責任は、みな私にある。間違いや未熟な点にお気づきになられたら、何卒ご教示いただければ幸いである。なお本書では、ご存命中の方も含めて、敬称はすべて略させていただいたことをお許しいただきたい。

最後に、八千代出版株式会社の森口恵美子さんと井上貴文さんには、原稿依頼の段階からわざわざ遠い北海道までお越しいただき、また原稿を実に丁寧にチェックしていただき、大変お世話になった。改めて御礼を申し上げたい。

二〇一三年　夏　　札幌にて

石川明人

索　引

●ア　行●

愛　185, 206-7, 209, 221
愛国心　6
アウグスティヌス　vii, 86, 94, 200
阿部行蔵　81
粟津高明　52
アンブロシウス　vii, 200
イグナチオ・デ・ロヨラ　116
石井錦一　76, 80
イスラム教　11, 33
井深梶之助　53
イマーム　12
今井館聖書講堂　107
今井健次　60
今村和男　59, 81
慰問使　46
イラク　9-12
——戦争　9
岩本二郎　76-80
インディアン　19
ヴァージニア　14, 60
植村正久　53-5
内村鑑三
51, 53-4, 56, 79, 94, 156, 159, 220-1
ウナグスキィ　19
梅野正四郎　158
瓜生外吉　52
エキュメニカル　21
エキュメニズム　7
エノラ・ゲイ　37
海老名弾正　54
OCU　59-61, 68-9
太田十三男　51, 57, 109-10
大貫恵美子　134, 154
小川原正道　85
奥野昌綱　49, 52
オランダ改革派　17, 23

●カ　行●

海軍機関学校　50, 65, 106
海軍省　48
カウンセリング　26, 28-9
加賀博子　133
学徒出陣　128
柏木義円　54
桂太郎　115
カトリック
2-3, 22, 25, 36, 38, 59, 171, 175, 177-8, 186, 190-4
神風　128-9, 131
韓国　9, 64, 69-70
関東大震災　51, 107
監督派　17
キーガン，ジョン　97
菊水二号作戦　130, 132
きけわだつみのこえ　133-4, 136-7
旧約聖書
2, 33, 66, 101, 142, 152, 157, 162
ギリシャ正教　24
キリスト教　33
キルケゴール　146-8, 160
クラーク，W・S　116
クラウゼヴィッツ　96
グラハム，ビリー　27
クレフェルト，マーティン・ファン　97
呉海軍軍人ホーム　54

グローブス，レスリー・R, Jr　20
黒田惟信　48-9, 51-2, 65, 103, 105
軍国主義　76, 134, 136, 172, 199
軍人魂　173
軍人勅諭　48
軍人伝道　47-8, 77
原爆　37, 39, 86
憲法九条　47, 65-7, 72, 200
黒人チャプレン　18
小崎弘道　53-4
小林秀雄　172
コルネリウス　45, 78, 116
コルネリオ会
57-9, 61-2, 65, 68, 70-1, 74-5, 81-4
今田健美　175, 177, 179

●サ　行●

災害援助　217
災害派遣　85-6
ジェーンズ，リロイ　116
佐伯理一郎　53
佐々木親　60
佐世保海軍軍人ホーム　56
実吉敏郎　60
ザベルカ，ジョージ　1, 38-9
讃美歌　127, 140, 151, 155, 158, 162-3
GHQ　172
自衛官
63, 73, 78-9, 80, 84-6, 219, 221
——キリスト教徒
46, 59, 61, 65, 71-2, 74, 77, 81, 122
自衛隊　46, 59-61, 65, 71-7, 82-4, 217
——員住民登録拒否事件　80
ジェイムズタウン　3-4, 15
死に至る病　146-8, 160
宗教間対話　8
宗教サポート　29
宗教戦争　iv
従軍チャプレン　2, 218
ジョージア　16
女性チャプレン　18-9, 24, 26
新約聖書　45, 73, 153, 197, 204
水交会　65
鈴木貫太郎　55
鈴木正久　74, 177, 179, 194
スペルマン枢機卿　1, 39
清韓事件基督教同志会　53
関行男　131
絶対平和主義　200-1, 203-4, 207
世良田亮　52
戦艦大和　130, 170, 180, 208
戦艦大和ノ最期　170-1
戦責告白　74, 195-7
戦争協力　40, 114, 172, 219
戦没学徒　134, 141-2
洗礼者ヨハネ　204-5

●タ　行●

ターナー，ヘンリー・マクニール
18
第一次世界大戦
21, 77, 98, 101-2, 114, 117
——時　21
第二ヴァティカン公会議　191
第二次航空総攻撃　130
第2七生隊　129, 131-2
第二次世界大戦　12, 20, 46, 115, 196
ダウニー，ウィリアム　37
武田貴美　59-60
田中浩司　105
千葉愛爾　60
千葉眞　112
千早耿一郎　192

チャプレンアシスタント 9, 20-1, 23, 31, 33-5
チャプレン士官基礎コース 7, 34-5
チャプレン長 22
朝鮮戦争 25, 70
長老派 17
堤健男 105
ティベッツ，ポール 37
天災の一種 113-4, 120
天路歴程 157, 163
ドーチェスター号 23
独立戦争 15
利岡中和 56, 58-9
特攻 129-33, 141, 143, 152, 159, 161, 170, 180-2, 184-5, 189, 197, 208, 221
——隊 136
——隊員 128-9, 150
十時菊子 54
トマス・アクィナス vii, 200
ドラッグ 26

●ナ 行●

南北戦争 18
新島襄 117
日米安保条約 67
日露戦争 46, 50, 52, 77, 95, 102, 117
——時 220
——前 115
日清戦争 46, 53, 77, 94-6, 102
新渡戸稲造 117
日本軍 22, 46, 58, 129, 132, 141, 220
ニューイングランド 14, 16
ノルマンディ上陸作戦 3

●ハ 行●

南風崎神社 157
バプテスト 8, 17
林市造 128, 170
阪神淡路大震災 85
ピーコット戦争 15
東日本大震災 40, 85, 107
非戦論 94-5, 97-8, 102, 109-10, 114-5, 117-8, 121
秀村選三 158-60
日なり楯なり 134-40, 142, 146, 148
ピューリタン 3
フィンチ，エステラ 48, 54-5, 65, 75, 77-8, 103-4, 119
武士 105, 108, 118-9
淵田美津雄 63
仏教 27, 33, 49
——徒 24
ブッシュ大統領 27
プルーデン，アルドレッド・A 34
フレンチ・インディアン戦争 16
プロテスタント 2-3, 16, 22, 36, 59, 171, 177-8, 190, 192-4
米英戦争 17
米西戦争 19
米墨戦争 36
平和維持活動 86, 217
平和主義 ii, 94, 113, 115, 121, 173, 198, 222
——者 2, 219
ベトナム 25
防衛大学校 59, 63, 67, 69-70, 75, 78, 81
ポーランド 27
保阪正康 177
星田光代 50-1, 79, 104-5, 109
ホバート，エラ・ギブソン 18, 26

本多庸一　53-4, 117

●マ　行●

魔術崇拝　32
松村里子　55-6
マルティヌス　13
マンハッタン計画　20
峯崎康忠　47
宮川経輝　54
宮沢賢治　i
無教会　59, 119
ムスリム　27, 32, 36
村田若狭　117
メソディスト　6, 17, 24
毛沢東　96
森岡清美　131, 134
森野善右衛門　82-3
森平太　178, 186, 192

●ヤ　行●

矢島楫子　54
靖国神社　48, 72, 157
矢田部稔　60-1, 75-80, 82
山北宣久　84-5
山中朋二郎　50
山本泰次郎　97-8
ユダヤ教　18, 22, 24-5, 32-3
ユニヴァーサリスト　17
ユニット・ミニストリー・チーム（UMT）　29-30
与謝野晶子　220
吉川英治　172
吉田松陰　139
吉田満　170

●ラ　行●

陸海軍人伝道義会　48, 52, 103, 106, 109
陸軍士官学校　17
陸軍省　48
良心的兵役拒否者　26, 54
ルター，マルチン　vii, 86, 94, 193, 200
ルター派　17
レーガン，ロナルド　25
レンジャー　12
ローマ・カトリック　6-8, 11, 16-7, 24
ロシア　27

●ワ　行●

YMCA　46, 81
ワシントン，ジョージ　15
湾岸戦争　3, 10, 36

【著者略歴】

石川明人（いしかわ・あきと）

1974年、東京生まれ。北海道大学文学部卒業、同大学院博士後期課程単位取得退学。博士（文学）。現在、北海道大学大学院助教。専門は宗教学、戦争論。著書に『戦争は人間的な営みである―戦争文化試論―』（並木書房、2012年）、『ティリッヒの宗教芸術論』（北海道大学出版会、2007年）、*Religion in the Military Worldwide*（co-authored), Cambridge University Press, 2013、『アジアの宗教とソーシャル・キャピタル』（共著、明石書店、2012年）、『面白いほどよくわかるキリスト教』（共著、日本文芸社、2008年）、『よくわかる宗教社会学』（共著、ミネルヴァ書房、2007年）などがある。

戦場の宗教、軍人の信仰

二〇一三年十月一日第一版一刷発行

著　者―石川明人
発行者―森口恵美子
発行所―八千代出版株式会社
〒一〇一-〇〇六一　東京都千代田区三崎町二-二-一三
TEL　〇三-三二六二-〇四二〇
FAX　〇三-三二三七-〇七二三
振　替　〇〇一九〇-四-一六八〇六〇
印刷所―美研プリンティング
製本所―渡邉製本

＊定価はカバーに表示してあります。
＊落丁・乱丁本はお取替えいたします。

ISBN978-4-8429-1614-9